Beziehungsmanagement
Kontakte im Beruf
erfolgreich gestalten

Marzella und Peter Arndt

Marzella & Peter Arndt

IMPRESSUM

CC Coaching & Beratung UG (haftungsbeschränkt)

Marzella & Peter Arndt
Neumühleweg 27
73660 Urbach

info@cc-im-netz.de
www.cc-im-netz.de

Telefon: +49 7181 66 96 741

Titelbild: © Franz Pfluegl - Fotolia.com

Die Gedanken, Methoden und Tipps dieser Publikation sind aufgrund der Berufspraxis der Verfasser entstanden. Sie wurden nach bestem Wissen und mit größtmöglicher Sorgfalt geprüft. Eine Garantie für das Gelingen der vorgestellten Themen in der Praxis des Lesers kann nicht übernommen werden. Für evtl. Nachteile oder Schäden aus der Anwendung oder Nichtanwendung der dargebotenen Informationen haftet ausschließlich der Anwender.

INHALTSVERZEICHNIS

Einleitung

Gute Beziehungen sind bares Geld wert. Obwohl sie in keiner Bilanz auftauchen, stellen Geschäftsbeziehungen einen hohen wirtschaftlichen Wert dar. Spätestens bei Unternehmensverkäufen wird der Wert der Kunden in barer Münze vergütet.

Ein Beispiel aus dem Versicherungsbereich zeigt, um was es geht: Herr Adam übernimmt als Vertreter ein neues Gebiet. Sein Vorgänger, Herr Santin, beklagte sich dort stets über schlechte Umsätze und unzufriedene Kunden. In der internen Vertriebsstatistik rangiert das Gebiet auf dem letzten Platz.

Ein Jahr ist vergangen. Zur großen Verwunderung aller verzeichnet Herr Adam große Erfolge. Die Umsätze in seinem ersten Jahr sind gegenüber früher erheblich gestiegen. Auch die Ergebnisse der internen Vertriebsstatistik sprechen für sich. Dort befindet sich sein Gebiet jetzt im Mittelfeld - mit steigender Tendenz.

Was hat sich geändert? Die Produkte seiner Gesellschaft sind gleich geblieben. Die Kunden des ihm zugewiesenen Vertriebsgebiets auch.

Der Schlüssel lautet „bessere Geschäftsbeziehungen".
Im Gegensatz zu seinem Vorgänger hat Herr Adam
es verstanden, gute Beziehungen zu seinen Kunden
aufzubauen und zu pflegen. Und gute Beziehungen
führen zu guten Geschäften.

Auch Sie sind in Ihrem Geschäftsleben darauf ange-
wiesen, immer wieder an und mit Ihren Beziehungen
zu arbeiten - unabhängig von geschäftlichem oder
privatem Interesse. Beziehungsmanagement ist heutzutage das "A" und "O", um im Geschäftsleben erfolgreich zu sein. Mit Sympathie dem anderen gegenüber geht es natürlich einfacher, als wenn die Chemie nicht stimmt. Doch auch bei Antipathie ist der
Aufbau einer geschäftlichen Beziehung möglich,
wenn Sie wissen wie.

Die professionelle Gestaltung Ihrer Geschäftsbeziehungen gehört zum täglichen Handwerkszeug. Denn
in Ihrem Umfeld haben Sie es immer mit Menschen
zu tun. Diese reagieren in erster Linie auf Menschen
und nicht auf Produkte oder Geschäfte.

Gute zwischenmenschliche Beziehungen bauen sich
jedoch nicht von selbst auf. Sie müssen initiiert, gepflegt, geklärt und manchmal auch beendet werden. Für
eine gute Beziehung, die von Herz zu Herz aufgebaut
wurde, brauchen Sie Zeit.

Geschäftsbeziehungen im Sinne dieses Ratgebers sind Kontakte, die Ihnen (zunächst) in Ihrem Berufsleben begegnen und Ihnen dort zu materiellen oder immateriellen Vorteilen verhelfen.

Mit diesem Praxisratgeber möchten wir Sie anregen, diese Geschäftsbeziehungen bewusst wahrzunehmen und zu gestalten. Sie erhalten dazu viele Hinweise, Tipps und Hintergrundinfos. Wenn Sie in einer ähnlichen Situation wie die agierenden Personen der Fallbeispiele sind (oder in eine solche kommen), empfehlen wir Ihnen, die beschriebenen Verhaltensweisen auszuprobieren.

Einiges wird Ihnen vielleicht vertraut vorkommen - wenn Sie in Ihren Beziehungen bereits wie beschrieben vorgehen, behalten Sie es bei. Anderes mag neu sein, probieren Sie es aus.

Ihre besseren Geschäftsbeziehungen lassen sich zunächst nicht in Zahlen ausdrücken und messen, bilden aber das Fundament Ihrer zukünftigen Erfolge. Stabile Geschäftsbeziehungen garantieren stabilen Erfolg.

Oft kommt es vor, dass aus beruflichen Kontakten private Beziehungen werden. Aus Business wird Freundschaft. In diesem Ratgeber konzentrieren wir uns auf Ihre geschäftlichen Kontakte. Den Bereich der Privatbeziehungen haben wir hier nicht berücksichtigt.

Bevor Sie weiterlesen, zwei grundsätzliche Hinweise:

Bleiben Sie bei allem Beziehungsmanagement stets Sie selbst. Aufgesetzte Verhaltensweisen werden von Ihren Gesprächspartnern garantiert bemerkt. Eine gute Beziehung lässt sich auch nicht vorspielen. Wenn Sie Ihre Mitmenschen nicht wirklich mögen und sich für diese ehrlich interessieren, nützt Ihnen auch erlerntes Beziehungsmanagement nichts.

Mechanisch gelernte und angewandte Methoden erinnern an die Verkaufslehrgänge der ausgehenden 70er-Jahre. Dort wurde zum schnellen Aufbau einer guten Beziehung geraten, Gemeinsamkeiten zu suchen und zu betonen. Dies führte in der Folge u. A. auch zu Gesprächseröffnungen wie dieser: „Ich sehe, Sie haben Goldfische. Das finde ich toll. Ich habe auch Goldfische. Sollen wir unsere Fische nicht einmal gemeinsam schwimmen lassen?"

Auch Max Müller, einer unserer Seminarteilnehmer hatte diesbezüglich ein Schlüsselerlebnis. Dessen Arbeitgeber beauftragte eine Unternehmensberatung mit der Neuausrichtung des Vertriebs. Unter anderem gab es ein Seminar zum Thema „Beziehungsmanagement" mit dem Ziel, bessere Kundenbeziehungen aufzubauen. Herr Müller war auf diesem Seminar und schilderte in unserer Seminargruppe seine Eindrücke. Nachdem er fertig war, fragten wir ihn: „Herr Müller, mag der Seminarleiter dieses Beziehungsmanagements Sie eigentlich?". Er war von dieser Frage zunächst überrascht und dachte eine Weile nach. Danach antwortete er: „Ich glaube, der bemerkte nicht einmal, dass ich da war."

Vom Wissen über menschliche Beziehungen alleine, wird sich nichts verändern. Nach der Lektüre dieses Ratgebers sollten Sie Taten folgen lassen.

Gehen Sie aktiv auf Ihre Mitmenschen zu und treten Sie mit Ihrer Beziehungsarbeit in Vorleistung. Für gute Beziehungen müssen Sie immer investieren. Zeit, Geld, Wissen, Serviceleistungen usw.. Machen Sie den Anfang, investieren Sie zuerst und bleiben Sie dabei. Wenn Sie sich zunächst noch etwas unsicher sind, probieren Sie neue Verhaltensweisen im Familien- und Freundeskreis aus. Sie werden von den Folgen überrascht sein. Ihr aktives Handeln wird Ihr Erfolg.

Im Volksmund gibt es das Sprichwort: "Wie man in den Wald hineinruft, so schallt es zurück." Viele Beziehungsmanager(innen) handeln leider nur fast sprichwörtlich. Sie stellen sich vor den Wald und denken sich: "Schall doch zurück, dann rufe ich hinein."

"Der große Sinn des Lebens liegt nicht darin, etwas zu wissen, sondern etwas zu tun."

Aldous Huxley (1894 - 1963)

Zum Aufbau dieses Ratgebers:

Im Grundlagenteil finden Sie einige Erläuterungen dazu, was „Beziehung" ausmacht.

Anschließend geht es um Beispielfällen aus dem realen Geschäftsalltag. Jedes der Kapitel „Beziehungen aufbauen", „Beziehungen pflegen", „Beziehungen klären" und „Beziehungen beenden" folgt dabei folgender Gliederung:

Kurze Einführung in den Praxisfall

Reales Fallbeispiel

Hinter den Kulissen - aus der Sicht aller Beteiligten

Lösungsansätze für bessere Beziehungen

Im Kapitel „Beziehungsstörungen meistern" finden Sie weitere praxiserprobte Hilfen. Sie lesen dort über persönliche Grenzen, Konfliktmanagement und erhalten einen Leitfaden für gekonntes „Nein-Sagen".

Im anschließenden „Managementteil" finden Sie Methoden um Ihre Beziehungen zu bewerten und Ihre Kontakte zu verwalten.

Marzella & Peter Arndt

Hinweis zu den Fallbeispielen

Alle Fallbeispiele stammen aus unserem Arbeitsalltag als Trainer und Coaches.

Seit 2000 begleiten wir Vertriebsmitarbeiter großer Konzerne in einer mehrstufigen Seminarreihe „Beziehungsmanagement" und im Einzelcoaching. Aus der Fülle der dabei vorkommenden Themen haben wir die häufigsten ausgewählt. Diese stellen aus unserer Sicht eine repräsentative Auswahl der größten Verbesserungspotentiale zum Thema „Geschäftsbeziehungen" dar.

Unser Anliegen bei diesem Praxisratgeber war nicht, mehr oder weniger bekannte theoretische Modelle wiederzukäuen. Sondern, Ihnen anhand realer Fallbeispiele aus dem Geschäftsalltag konkrete Tipps, Hilfestellungen und Leitfäden an die Hand zu geben.

Alle Beispiele und Aussagen sind nach den üblichen Business-Standards geschlechtsneutral formuliert. Sie gelten für beide Geschlechter, ohne eines zu bevorzugen oder zu benachteiligen. Selbstverständlich sind alle Namen geändert.

Wenn Ihnen dieser Ratgeber hilft, Ihre Geschäftsbeziehungen noch besser zu gestalten, haben wir unser Ziel erreicht. Viel Spaß beim Lesen und Umsetzen.

Urbach, im Januar 2013

Marzella und Peter Arndt

Grundlagen

Die erste Beziehung, die wir als Menschen eingehen, beginnt schon im Mutterleib. Dort nehmen wir den ersten Kontakt zu uns selbst und zu unserer Mutter auf. Doch schon nach kurzer Entwicklungsphase registrieren wir auch andere Menschen. Zwar nicht über unsere Augen, aber über unsere Ohren, Berührungen von außen und über unsere Empfindungen. Stimmen und Schwingungen beginnen wir zu erkennen, zuzuordnen und erleben schon vor der Geburt die Empfindung von Vertrauen. Vertrauen in uns selbst und Vertrauen zu anderen Personen. Vorausgesetzt es verläuft während der Schwangerschaft alles natürlich und harmonisch. Wenn nicht, könnten hier schon die Weichen gestellt werden für spätere Beziehungsprobleme.

Sind wir dann erst einmal geboren, nehmen uns immer mehr Menschen wahr. Schließlich sind wir jetzt sichtbar. Auch wir selbst haben viel mehr Möglichkeiten uns bemerkbar zu machen und ganz aktiv in Beziehungen einzusteigen. Wieder ist hier zunächst unsere Mutter die wichtigste Bezugsperson in unserem Leben. Möge es noch soviel andere Meinungen zu dieser Aussage geben. Es ist und bleibt die erste Bindung, die wir erleben. Die Bindung wird zwar mit dem Durchtrennen der Nabelschnur auf körperlicher Ebene vollzogen, doch auf der psychischen Ebene bleibt sie noch lange Zeit erhalten. Egal ob wir unsere Mutter jemals zu Gesicht bekommen oder nicht.

Die nächste wichtige Beziehung, die wir eingehen, ist die zum Vater, oder sonst einer der Mutter nahestehenden Person und, sofern schon vorhanden, zu den Geschwistern. Alle sind Übungspartner für unser späteres Beziehungsleben. Unsere Erfahrungen der ersten Lebensjahre, wird sich durch unser gesamtes späteres Leben ziehen. Das Kennenlernen und Umgehen mit den unterschiedlichsten Menschen, stärkt unser Urvertrauen und bringt uns unsere Umwelt immer näher. Erfahren wir als Kinder kein Vertrauen, wird es uns immer schwer fallen, Vertrauen zu leben. Und Vertrauen ist ein Grundstein für jegliche Beziehungsarbeit. Doch selbst wenn Sie eine schwere Kindheit mit wenig glücklich verlaufenen Beziehungen hinter sich haben, es lohnt sich immer, sich auf den Weg zu anderen Menschen zu begeben, sprich - Beziehungen zu leben.

Je größer und je älter wir werden, umso größer wird unser Beziehungsradius. Der Kleinfamilie folgt die gesamte Verwandtschaft, die Nachbarn, fremde Personen. Später die eigenen Freunde, Lehrer, Liebesbeziehungen, Lebensgefährten, Ehepartner, Kollegen, Führungskräfte, Geschäftspartner, Kunden. Zu allen Menschen bauen wir ganz individuelle Beziehungen auf, manche werden enger, manche werden wieder aufgelöst, manche sind sporadisch manche regelmäßig. Je nachdem, wie wir uns fühlen, was wir von den anderen wollen, wie viel Zeit wir zu investieren bereit sind, was unser Vertrauensbarometer anzeigt, wird die Beziehungsqualität ausfallen.

Mit dem Bewusstmachen dieser Grundlage ist es logisch, dass Ihre Geschäftsbeziehungen auch nicht anders funktionieren, als Ihre privaten. Egal, ob Sie eine neue Beziehung eingehen, eine vorhandene festigen, eine ungeklärte klären oder eine ganz beenden; Sie nehmen Ihre Beziehungserfahrungen aus dem Privatleben als Grundlage und bauen darauf auf.

Sie werden sehen, wenn Sie sich selbst leben (Neudeutsch: „Authentisch sind") geht Beziehungsmanagement wesentlich einfacher, als wenn Sie Verhaltensweisen kopieren, die nicht zu Ihnen passen.

Wie entstehen Geschäftsbeziehungen?

Beim Aufbau von Beziehungen spielt sich „hinter den Kulissen" am meisten ab. Im Folgenden beschreiben wir, was dabei geschieht. Wir betrachten das Offensichtliche und beleuchten auch das normalerweise verborgene Geschehen. Obwohl unsichtbar, bestimmt das Geschehen im Verborgenen den größten Teil Ihrer Beziehungen.

Wenn wir im Folgenden von „Seele", „Herz", „Bauchgefühl", „Ihrem Inneren", oder von „Ihrer inneren Stimme" sprechen, meinen wir immer dasselbe. Sie sehen es nicht und können es weder hören, riechen, schmecken, oder anfassen. Trotzdem bestimmt es unser Leben. Jeder Mensch besteht aus Körper, Geist und Seele (wie wir meinen zu gleichen Teilen). Während die Komponente „Körper" allgegenwärtig ist, bleiben Seele und Geist regelmäßig im Verborgenen.

Damit verständlicher wird, was wir unter „Beziehung leben" verstehen, behandeln wir die Herzens- (= Beziehungsebene) und die Verstandesleistung (=Sachebene oder Ratio) getrennt voneinander. Dass jeder diese Vorgänge auf unterschiedlichen Ebenen erleben und sich bewusst machen kann, zeichnet uns Menschen aus.

Marzella & Peter Arndt

Das erste Treffen

Sie begegnen einem neuen Geschäftspartner. Schon beim ersten Anblick mustern Sie ihn und ordnen Ihre Eindrücke in Ihr vorhandenes System ein. Ohne dass er ein Wort zu Ihnen spricht. Dies geschieht in Bruchteilen von Sekunden. Sie haben dann bereits ein Bild von ihm, einen Eindruck, eine Empfindung und wissen schon jetzt, ob dies eine kurze oder langjährige Beziehung wird. Zumindest Ihr Herz oder Bauch weiß es, bevor Ihre Ratio mit der Arbeit beginnt.

Im zweiten Schritt wird durch Ihren Verstand, etwas langsamer als beim inneren Empfinden, das Gesehene und Erlebte analysiert, auseinander genommen, abgeglichen und neu eingeordnet. Der Verstand fügt Erlerntes hinzu (unsere üblichen Verhaltensmuster) und beginnt uns ordentlich durcheinander zu bringen. Sie kennen bestimmt Aussagen wie: „...hätte ich doch damals auf mein Gefühl gehört" oder „...ich wusste es doch gleich, dass das nichts wird" oder Ähnliches. Grundlage dafür sind oft Empfindungen oder Gefühle, die wir auf einer „Nicht-Verstandesebene", nämlich mit unserem Inneren, unserem Herzen wahrnehmen.

Lassen Sie uns genau anschauen, wie Ihre Wahrnehmungen die Beziehung beeinflussen.

Schau mir in die Augen Kleines

Mit Ihrem Organ Auge (Verstand) sehen Sie Ihren Geschäftspartner. Sie sehen klar die Umrisse seines Körpers, seine Kleidung, Frisur, seine Gangart, ob er schnell oder langsam auf Sie zukommt, was er dabei hat und vieles mehr. Und Sie sehen ihm, sofern er dies zulässt, in die Augen. Mit Ihrer Empfindung (Herz) nehmen Sie dabei wahr, wie der Andere ist. Ob er sicher, unsicher, arrogant, offen, falsch, liebevoll, verständnisvoll, vertrauenerweckend oder sonst wie ist. Sie schauen sozusagen in den Anderen hinein und erkennen ihn.

Mit bekannten Aussagen wie beispielsweise: „Die Augen sind das Tor zur Seele", ist genau dies gemeint. Ist Ihr Gegenüber offen und ehrlich, lässt er sich in die Augen schauen und hat keine Angst davor, „erkannt" zu werden. Ist er jedoch unsicher oder hat eine Unkorrektheit im Sinn, wird es schon schwieriger. Solche Menschen schauen Ihnen oft nicht direkt in die Augen. Sie schauen leicht oder ganz an Ihnen vorbei, auf den Boden oder ganz woanders hin. Ihnen bleibt ein unbehagliches Gefühl.

Auch Aussagen wie. „Ein Blick sagt mehr als tausend Worte" oder „...wenn Blicke töten könnten", sprechen Bände.

Sprich, damit ich Dich sehen kann

Mit unserem Sinnes-Organ Ohr verhält es sich auf der Sachebene genauso. Sie hören mit Ihrem Organ Ohr, was Ihr Geschäftspartner zu Ihnen sagt. Ob er leise oder laut spricht, ob er klar oder unklar spricht. Sie hören die Worte, also die durch Schall erzeugten Schwingungen.

Hinter den Kulissen nehmen Sie mit Ihrem Herzen viel mehr wahr. Sie nehmen auch die „Zwischentöne" wahr. Sie spüren sozusagen, ob er mürrisch, gut gelaunt, aktiv, genervt oder sonst etwas ist. Der Ausspruch: „Der Ton macht die Musik" ist Ihnen wohl bekannt.

Eine spannende Übung dazu, die wir auch unseren Seminarteilnehmern empfehlen. Schließen Sie bei den nächsten Telefonaten im Büro bewusst die Augen und lauschen Sie, was Sie von Ihrem Gesprächspartner wahrnehmen. Etwas Übung; und Sie werden staunen, was Sie alles über diese unsichtbare Ebene mitbekommen.

Ich mag Dich zum Fressen gern

Bei unserem Geschmackorgan, dem Mund, wird es etwas schwieriger. Im direkten Gesprächskontakt findet Ihr Geschmacksorgan üblicherweise keine An-

wendung. Normalerweise können Sie Ihre Geschäftspartner nicht schmecken, bevor Sie sich dazu entscheiden, mit ihnen Geschäfte zu machen.

Den Herzanteil Ihres Geschmackssinns dagegen erkennen Sie auch aus der einen oder anderen Ge-
sprächssituation. „...das muss ich mir erst auf der
Zunge zergehen lassen" oder „.... das schmeckt mir
gar nicht" sind durchaus bekannte Aussagen, die wie-
dergeben, was gemeint ist.

Im privaten Bereich kommt der Mund auch ganz direkt ins Spiel. Wem Sie wann, wie und wohin einen
Kuss geben, bestimmen Sie. Je nach Situation, Lust
und Laune und natürlich auch nach der Art der Beziehung. Nur in unserem Geschäftsleben ist der Kuss
eher nicht angebracht.

Laden Sie Ihren Geschäftspartner zum Essen ein, be-
reichern Sie damit Ihre Beziehung auch um das Ge-
schmackserleben. Das Lokal für Ihre Geschäftsessen
sollten Sie bewusst auswählen. Ihr Partner nimmt
nicht nur die Einladung selbst als nette Geste wahr,
sondern prägt sich in Verbindung mit Ihnen zusätzlich ein Geschmackserlebnis ein. Welches, bestimmen
Sie.

Ich konnte Dich noch nie riechen

Auch unser nächstes Sinnesorgan, die Nase, spielt oberflächlich betrachtet im Geschäftsleben eine untergeordnete Rolle. Bei genauer Betrachtung „riechen wir den Braten" schon. Das Organ Nase (Verstand) ist für Gerüche unterschiedlichster Art. Wohlriechende und schlecht riechende, frische, verbrauchte, Essengerüche, Rauch, Blüten, Parfüm und viele, viele andere zuständig.

Unsere Sinneswahrnehmung (Herz) verfeinert und ergänzt den Empfindungsbereich. „Den mag ich, - den mag ich nicht, - er ist mir unangenehm". Oder gar Aussagen: „... ich kann ihn nicht riechen".

Oft steckt hinter diesen Aussagen tatsächlich, dass wir manche Duftstoffe, die andere Menschen aussondern, nicht riechen können. Sie passen einfach nicht zu uns. Dies müssen wir als solches hinnehmen. Es lässt sich nicht verändern und wir können auch nicht darüber hinwegsehen (bzw. „hinwegriechen").

Sagt man bei einem Geschäftspartner „die Chemie stimmt nicht", oder „man kann sich nicht riechen", ist dies ist eine schlechte Basis für eine Geschäftsbeziehung. Eine solche wird selten funktionieren. Unbewusst wird hier oft die Beziehungspflege vernachlässigt. Sie werden sich umsonst abstrampeln und sich jedes Mal aufs Neue zusammenreißen müssen; vergebene Liebesmühe. Dies ist weder gut, noch schlecht, und keineswegs wertend gemeint. Bei einer Weltbevölkerung von geschätzt knapp 7 Milliarden Menschen ist die Chance groß, dass Sie mit manchen davon einfach nicht klarkommen. Erfahrungen damit haben Sie vielleicht schon im privaten Bereich gemacht und nicken nun zustimmend mit dem Kopf.

Wenn Ihnen dieses Phänomen begegnet, sollten Sie versuchen den Partner an einen Kollegen, einen Mitarbeiter oder eine Führungskraft weiterzugeben. Sofern sich die neuen Partner „riechen können" wird die Geschäftsbeziehung reibungslos funktionieren.

Neben den natürlichen Duftstoffen sind manches Mal auch künstliche Gerüche im Spiel. Ein Besucher, der aus dem Auto steigt in dem er mehrere Zigaretten geraucht hat, kann einem buchstäblich „den Atem verschlagen".

Einer letzten Aussage, die aus Ihrem Berufsleben stammt, „Der Vertrieb ist ein Nasengeschäft" haben wir nichts hinzuzufügen.

Ich könnte aus der Haut fahren

Unser fünftes und größtes Sinnesorgan ist unsere Haut. Der Organanteil (Verstand) spürt die Berührung. Wenn Sie Ihrem Geschäftspartner bei der Begrüßung die Hand geben, berühren sich Haut und Haut.

Wie Sie sich berühren, was sozusagen beim Händedruck mitkommt, nimmt der Sinnesteil (Herz) wahr. Achten Sie beim nächsten Hautkontakt (Händeschütteln) darauf, was Sie wahrnehmen und natürlich auch was Sie ausschicken. Es ist die direkteste, unmittelbarste Art im Geschäftsleben mit Menschen in Beziehung zu treten. Auch hier werden Sie Ihre Sinneseindrücke nicht betrügen. Sie merken sofort, ob Ihr Gegenüber zu Ihnen passt oder nicht.

Oft sagt schon der Händedruck viel über die Arbeitsweise des Gegenübers aus. Kann Ihr Gesprächspartner „kräftig zupacken" oder erinnert Sie der Händedruck an den berühmten „Waschlappen"? Ein Partner, der Ihnen nicht richtig die Hand geben kann ist vielleicht im sozialen Bereich, in dem es darum geht Menschen zu trösten oder sanft zu streicheln besser aufgehoben sein, als im harten, straffen Vertriebsleben.

Je enger eine Geschäftsbeziehung ist, umso enger natürlich auch der Abstand zur Haut und letztendlich
der Hautkontakt selbst. Jemanden den Sie sehr mögen, werden Sie öfter mal auf die Schulter klopfen, am
Arm berühren oder ihn sogar umarmen. Alles Gesten,
die deutlich machen, „ich mag dich", „ich lasse Nähe
entstehen", „Du darfst bis an meine körperliche
Grenze".

Im privaten Bereich kann und wird diese Grenze
manchmal überschritten werden. Je näher wir Menschen uns seelisch (Herz) sind, umso näher kommen
wir uns natürlich auch körperlich (Verstand).

Und jetzt alles zusammen

Ganzheitliches und erfolgreiches Beziehungsmanagement funktioniert nur, wenn Sie beide Bereiche, die
Sachebene und die Beziehungsebene zusammen leben. Versuchen Sie, Ihren Sinneseindrücken zu folgen, bevor sich Ihr Verstand einschaltet. Dies ist sehr
schwierig, denn wir werden fast ausschließlich auf der
Verstandesebene geschult. Dies beginnt leider oft
schon im Kindergarten; manchmal sogar schon früher
im Elternhaus. Der Fokus auf die Verstandesebene
setzt sich fort in Schule, Ausbildung und Beruf. Zahlen und Fakten stehen an vorderster Front. Auf der

Strecke bleiben Menschen und deren Beziehungen zueinander.

Geschäftspartner und Kunden sind jedoch auch Menschen. Und ohne Menschen funktioniert unsere gesamte Wirtschaft nicht.

Menschen kaufen von Menschen.

Nicht von Firmen, Gesellschaften oder irgendwelchen anderen Organisationen. Wenn Sie heute im Geschäftsleben erfolgreich sein wollen, kommen Sie an gelebten Beziehungen nicht vorbei.

Schauen und spüren Sie genau hin, es ist oft eine Frage des bewussten Erlebens und anschließenden Handelns. Die Wirklichkeit zeigt sich immer sofort, wir müssen Sie nur wahrnehmen und auf unseren Verstand aufpassen, damit uns dieser nicht verwirrt und auf den falschen Weg führt.

Wenn Sie sich auf Ihre innere Stimme verlassen, ihr vertrauen, auf sie hören, sie empfinden und danach handeln sparen Sie viel Zeit und Geld.

Wirken alle beschriebenen Faktoren optimal zusammen entsteht aus zwei ICH´s, die sich begegnen, ein WIR, ein Miteinander, eine Geschäftsbeziehung. Diese muss nun gepflegt werden und kann wachsen bis

hin zu einer echten Partnerschaft. Analog dazu verhält es sich im Privatleben. Aus einer Anwerbephase,
einer Phase des Verliebt-Seins, wächst eine Liebesbe-
ziehung und schließlich eine lang anhaltende Partnerschaft.

Beziehungen aufbauen

Welche Phase eine Geschäftsbeziehung ist für den gesamten Kontakt am wichtigsten? Wenn Sie dies hinterfragen, werden Sie zum gleichen Ergebnis kommen wie wir - es ist der Beginn.

Schon der Volksmund formuliert: „Am Anfang werden die Weichen gestellt." Bringen Sie dabei Ihre Persönlichkeit ein, verbessern Sie das Fundament der Beziehung. Unser Tipp: Treten Sie auch bei Antipathie in Vorleistung. Sie erhöhen die Chance, Gemeinsamkeiten zu finden um eine Beziehung aufzubauen. Gerade beim Aufbau von Geschäftsbeziehungen gibt es nach unseren Beobachtungen viel Verbesserungspotential.

Beispiel: Ein typisches Neukundengespräch im Vertrieb

Werner Müller ist im Vertrieb tätig und baut neue Kundenbeziehungen auf. Dabei kommt es nicht auf den direkten Sofortverkauf an, sondern auf eine regelmäßige Betreuung. Normalerweise ruft er neue Kontakte an, vereinbart einen Termin und erscheint pünktlich zum verabredeten Termin. So auch bei Herrn Edgar Mais.

Herr Müller ist seit langem im Vertrieb tätig und muss sich deshalb auf einen Ersttermin nicht besonders vorbereiten. Sein Erstgespräch hat er im Kopf. Er greift sich noch ein paar Prospekte, damit er etwas dort lassen kann und geht ansonsten unvorbereitet wie immer zum Termin bei Herrn Mais.

Zum Termin bei Herrn Mais erscheint Herr Müller pünktlich wie immer. Nach einer kurzen Begrüßung und zwei Sätzen zu seiner Person steigt Herr Müller sofort ins Thema ein. Er hat gelernt, sich selbst zurückzunehmen; auf die Sache kommt es an. Ab dann handelt er nach dem Motto 'Zeit ist Geld' und wenn ich schon mal da bin (und überhaupt einen Termin bekommen habe), spreche ich alles an, was wir zu bieten haben. Schließlich soll Herr Mais umfassend über die Produktpalette seines Hauses informiert sein.

Herr Mais hört mehr oder weniger interessiert zu und versucht ab und zu, sich selbst einzubringen. Herr Müller bleibt straff am Thema und geht auf die Ansätze von Herrn Mais nicht ein (wahrscheinlich merkt diese gar nicht). Konsequent zieht er sein Programm durch.

Was lief falsch?

So oder ähnlich laufen viele Erstgespräche im Vertrieb ab.

Aus der Sicht von Herrn Müller ist der Termin ganz normal verlaufen. Er hat schon früh gelernt, wie ein Gespräch abzulaufen hat und hält seinen Fahrplan ein. Auf sich und seine Person geht er grundsätzlich nicht ein, da dies im Geschäftsleben nichts zu suchen hat. Ob er eine Beziehung aufgebaut hat, kann er nicht sagen. Er hat sich mit dieser Thematik im Geschäftsleben noch nie bewusst auseinandergesetzt und sich als Mensch stets ausgeklammert.

Wie ist die Sicht von Herrn Mais? Auch für ihn war das Gespräch eigentlich normal, da er diesen Ablauf von vielen anderen Begebenheiten kennt. Anerkennung für sich hat er wenig erfahren. Außer einem kurzen „Warm-Up" zu Beginn des Gesprächs war wenig Interesse für ihn da. Beziehung = Fehlanzeige. Zurück bleibt bei ihm die Frage, warum er mit Herrn Müller Geschäfte machen soll. Dieser trat auf wie alle Anderen und erzielte die gleiche Wirkung wie alle Anderen - nämlich keine nachhaltige.

Fazit: Fachlich war das Gespräch sicher o.k., in Bezug auf den Aufbau einer menschlichen Beziehung zwischen den beiden kann und muss einiges verbessert werden.

Gekonnter Aufbau einer Geschäftsbeziehung

Bei einem Erstgespräch geht es oft um eine vielleicht viele Jahre andauernde Partnerschaft für beiderseitigen Erfolg. Die Grundlage dafür ist Ihre Beziehung von Mensch zu Mensch. Dafür sollten Sie sich ausreichend Zeit nehmen. Selbstverständlich gilt dieser Hinweis dann nicht, wenn Sie lediglich Einmal-Geschäfte tätigen, für die der Aufbau einer Beziehung keine Rolle spielt.

Wir empfehlen Ihnen deshalb, legen Sie im ersten Gespräch das Ziel auf den Aufbau der Beziehung zwischen Ihnen und Ihrem zukünftigen Partner. Hier geht es darum, Ihren Gesprächspartner als Mensch zu erreichen. Ihm Zeit zu geben, Sie kennen zu lernen und Vertrauen aufzubauen. Schaffen Sie es, eine gute Atmosphäre zu erzeugen, so dass Ihr Gesprächspartner am Ende des Gesprächs das Gefühl hat, es hat ihm gut getan und er war gerne mit Ihnen zusammen, haben Sie den wichtigsten Grundstein für eine Zusammenarbeit gelegt.

Danach haben Sie noch genügend Zeit für Ihre Produkte. Schaffen Sie es nicht, die obigen Punkte zu erreichen, wird es in der weiteren Zusammenarbeit auch nicht funktionieren.

Beziehungsarbeit beginnt mit einer ausführlichen Vorstellung. Denn wie soll Herr Mais eine Beziehung zu Herrn Müller aufbauen, wenn er überhaupt nichts vom „Mensch Müller" erfährt?

In unseren Beziehungsseminaren stellen wir uns den Teilnehmern stets ausführlich vor. Dies sieht ungefähr so aus:

Ausführliche Vorstellung Peter Arndt

„Ich bin Peter Arndt und bin 1960 geboren. Meine Berufstätigkeit begann 1976 mit einer Ausbildung zum Versicherungskaufmann. Danach war ich noch 5 Jahre bei meinem ersten Arbeitgeber im Innendienst tätig. Weitere 4 Jahre Innendienst schlossen sich bei einer anderen Gesellschaft an. Schon damals kristallisierte sich ein Tätigkeitsschwerpunkt im Bereich des Geschäftsprozessmanagements heraus.

Nach 11 Jahren Innendiensttätigkeit wagte ich den Sprung in den Außendienst und hatte zum ersten Mal mit lebenden Kunden zu tun, die ich bisher nur vom Telefon und von Briefen kannte. Nachdem die Diskrepanz zwischen Versprechungen und Realität bei diesem Arbeitgeber so groß war, dass ich persönlich nicht damit leben konnte, wechselte ich nach 18 Monaten meinen Arbeitsplatz.

Begonnen habe ich meine neue Tätigkeit als Vertriebsverantwortlicher für Baden-Württemberg. Sehr schnell folgten Zusatzjobs als Abteilungsleiter einer kleinen Einheit, EDV-Leiter und zuletzt Innendienstleiter für die Niederlassung Stuttgart.

Nach 6 ½ Jahren entschloss mich zum nächsten Schritt. Ich machte mich selbständig, konzentrierte mich auf eine Zielgruppe und bin in dieser seit Ende 1996 erfolgreich tätig.

Privat bin ich mit der besten Frau verheiratet, die ich mir für mich vorstellen kann. Seit Herbst 1999 leben und arbeiten wir zusammen. Wir leben in der Nähe von Stuttgart und verbinden Beruf und Privatleben optimal. Aus meiner vorherigen Ehe habe ich zwei Kinder. Meine Tochter Isabelle studiert inzwischen die Fächer Literatur, Kunst und Medien. Mein Sohn Raphael hat gerade sein Abitur hinter sich und befindet sich in einem Orientierungsjehr. Als Hobbys habe ich Lesen, Kochen und ab und zu etwas für meine körperliche Fitness tun.

Wenn Sie zu meiner Vorstellung Fragen haben beantworte ich Ihnen diese gerne. Wenn nicht, gebe ich das Wort an meine Frau weiter".

Ausführliche Vorstellung Marzella Arndt

„Vielen Dank für das Wort. Mein Name ist Marzella Arndt, ich wurde 1957 in Wasseralfingen, einer Kleinstadt auf der Schwäbischen Alb, geboren. Nach dem Besuch von Grundschule und Gymnasium studierte ich sechs Semester an einer Sportschule.

Mein Arbeitsleben begann ich unmittelbar nach der staatlichen Abschlussprüfung in einem Gymnasium im Remstal. In den anschließenden 2 Jahren Schuldienst, mit Schülern von der fünften bis zur dreizehnten Klasse, wurde mir immer bewusster, dass ich mich am Meisten für die Menschen selbst interessiere. Für Schüler, Lehrer und Eltern. Deren Themen, Interessen, Bedürfnisse, Sorgen und Nöte. Lehrpläne empfand ich als eher hinderlich.

So entschloss ich mich, ein weiteres Studium anzuhängen. Studienschwerpunkte waren Psychologie, Erwachsenenbildung und Medienpädagogik. Nach acht Semestern viel Theorie und ein wenig Praxis verließ ich als Diplom-Sozial-Pädagogin (FH) die Hochschule.

Es begannen zehn Lehr- und Wanderjahre als selbständige Trainerin. Gemeinsam mit meiner Studienkollegin und Freundin veranstaltete ich zahlreiche Seminare, Trainings, Einzelcoachings und Beratungen im Bereich der Persönlichkeitsentwicklung. Das Arbeitsleben war immer wieder durchzogen von Zusatzweiterbildungen, die dazu führten, einerseits die Arbeit zu perfektionieren und andererseits auch dazu, eigene Trainingsprogramme zu entwickeln bis hin zu einem einzigartigen Persönlichkeitsmodell.

1994 kauften wir uns im Schwarzwald ein Seminarhaus. Zum Einen war ich nun Seminarleiterin meiner eigenen Veranstaltungen, zum Anderen gefordert als „Hotelier(in)". Wir vermieteten das Haus auch an fremde Seminargruppen. Ab 1997 organisierten wir nur noch unser eigenes Angebot.

Ende 1998 lernte ich in diesem Seminarhaus Herrn Peter Arndt kennen. Aus einer Begegnung wurde ein Seminarteilnehmer, Monate später ein Lebensbegleiter und nach Jahren mein geliebter Ehemann.

Meine beiden wunderbaren Kinder Marius und Larissa, auf die ich riesig stolz bin und von denen ich bis heute sehr viel lerne, kommen aus erster Ehe. Trotz vieler Ausbildungen und einem straffen Arbeitsleben ist es mir bis heute sehr wichtig, genügend Zeit für die Familie einzuräumen.

Egal ob es sich um Privatleben, firmeninterne Aufträge oder offene Seminare handelt; immer steht der Mensch im Mittelpunkt meiner Arbeit. Es ist mir gelungen aus einem Hobby meinen Beruf zu machen. Wenn ich noch zusätzlich irgendwie Zeit finde, faulenze ich ausgiebig am und im Meer, gehe ins Kino und esse für mein Leben gern Spaghetti."

Totale Verblüffung

Die Wirkung dieser Vorstellung ist stets beeindruckend. Anfangs sind die Teilnehmer sichtlich beunruhigt. Die Frage, „Wann geht es endlich los?" ist in vielen Gesichtern abzulesen. Ganz Ungeduldige fangen fast schon an, mit den Füßen zu scharren.

Spätestens nachdem der erste Teilnehmer mit seiner Vorstellung angefangen hat, wird die Gruppe ruhiger. In den Gesprächen danach wird uns immer wieder die Verblüffung mitgeteilt, die die Einzelnen bewegte. „Wie, jemand will tatsächlich etwas von mir wissen?" „Jemand interessiert sich wirklich für mich?" „Mir hört jemand zu?".

Viele berichten hinterher, Sie hätten selten so viel von sich erzählt. Dieses Phänomen beobachten wir immer. Wenn Sie sich öffnen, geben Sie Ihrem Gesprächspartner die Chance, sich ebenfalls zu öffnen.

41

Sie nutzen zusätzlich den psychologischen Effekt des Ausgleichs. Geben Sie viel von sich preis, treten Sie in Vorleistung. Normalerweise wird Ihr Partner bemüht sein, diese Vorleistung auszugleichen. In den allermeisten Fällen geschieht dies auch.

Nach weiteren Eindrücken der Vorstellungsrunde befragt, teilen die Seminarteilnehmer mit, dass eine große Nähe entstanden ist. Sowohl zu uns, als auch innerhalb der Gruppe. Selbst Kollegen, die schon seit 10 Jahren miteinander arbeiten, erfuhren auf diesem Weg neue Aspekte voneinander.

Der professionelle Aspekt: Mit Sympathie für den Anderen geht die beschriebene Vorstellung ganz einfach. Doch auch bei Antipathie sollten Sie in Vorleistung gehen und sich, so weit es Ihnen möglich ist, öffnen. Damit geben Sie dem anderen eine Chance, Sie kennen zu lernen. Über diesen Weg haben Sie und Ihr Gesprächspartner die Möglichkeit, doch noch Gemeinsamkeiten als Basis für Ihre Geschäftsbeziehung zu finden.

Der beschriebene Weg funktioniert auch bei Ihnen. Ob Sie im Außen- oder im Innendienst tätig sind. Mit einer Vorstellung mit hohem Persönlichkeitsanteil verbessern Sie das Fundament Ihrer Geschäftsbezie-

hung, die manchmal jahrelang besteht. Das sollte Ihnen die Zeitinvestition zu Beginn wert sein.

Beziehungen pflegen

Sie haben eine Beziehung erfolgreich aufgebaut. Wie geht es nun weiter? Erfolgreiche Menschen unterscheiden sich von den weniger erfolgreichen dadurch, dass Sie bewusst und konsequent ihre Beziehungen pflegen. Grundvoraussetzung dafür ist Ihre Erkenntnis, Sie müssen Ihre Geschäftspartner als Menschen ansprechen und erreichen.

Gekonnte Beziehungspflege lässt sich auf zwei Schlüsselfaktoren reduzieren:

Die Erwartungen des Anderen kennen.

Die Erwartungen des Anderen stets übertreffen.

Wenn Sie Ihre Geschäftsbeziehungen auf der menschlichen Ebene erreichen, erhöhen Sie systematisch Ihre Chance, Geschäfte zu machen. Vermitteln Sie Ihren Kontakten, dass Sie sich wirklich und ernsthaft für sie interessieren. Geben Sie ihnen das Gefühl, gut aufgehoben zu sein. Menschen kaufen immer nur von Menschen.

Die Verantwortung dafür liegt bei Ihnen. Nicht beim Kollegen, nicht beim Chef, nicht bei den Konkurrenten, nicht beim Wetter. Sondern nur bei Ihnen.

Ihre Kundenbeziehungen

Ray Considine und Murray Raphel berichten in ihrem lesenswerten Buch „Der große Ideenklau" über die Ergebnisse einer Kundenbefragung. Befragt wurden 100 ehemalige Kunden eines Einzelhandelsgeschäftes, warum sie dort keine Einkäufe mehr tätigten.

- 14 davon meinten, man hätte sich schlecht um sie gekümmert.
- 9 hatten ein anders Geschäft mit niedrigeren Preisen oder besserem Service gefunden.
- 9 waren umgezogen.
- 68 hatten keinen besonderen Grund.

68 ehemalige Kunden hatten keinen besonderen Grund zu gehen! Man hatte sich einfach nicht um sie gekümmert. Sie einfach gehen lassen (= es gab keine Beziehungspflege).

Und 14 weitere artikulierten sogar, man hätte sich nicht genug um sie gekümmert (= schlechte Beziehungspflege).

Ein Potential von 82 Kunden, mit denen man bei entsprechender Beziehungspflege weiterhin Geschäfte tätigen könnte. Die Ergebnisse halten wir für übertragbar auf Ihr Geschäft.

Tipp: Gerade diejenigen von Ihnen, die im Vertrieb tätig und/oder für die Vertriebssteuerung verantwortlich sind, sollten bewusst die Beziehungen zu bestehenden Kunden prüfen und pflegen. Oft liegt der Fehler im Vertriebssystem, das bei vielen den alleinigen Fokus auf die Gewinnung von Neukunden setzt.

Ein für jeden nachvollziehbares Beispiel dafür ist die Kundenwerbung im Zeitschriftenbereich. Haben Sie eine Zeitschrift noch nicht abonniert, werden Sie permanent umworben. Ständig gibt es Sonderaktionen, „speziell für Sie als künftigen Abonnenten". Eine Neukundenprämie ist höher als die andere. Nach der Entscheidung für das Abonnement kehrt Ruhe ein. Ruhe, die nur dann gestört wird, wenn Sie die Zeitschrift eines Tages wieder kündigen. In diesem Moment erhalten Sie wieder volle Aufmerksamkeit. Sie werden mit Angeboten, „nur für Sie als unseren treuen Kunden" überhäuft - so lange, bis Sie zustimmen, das Abonnement weiterzuführen ...

Ihre Bankbeziehungen

(Nicht nur) wenn Sie selbständig tätig sind oder ein Unternehmen leiten, sollten Sie die Erkenntnisse aus diesem Ratgeber auch auf die Beziehung zum Verantwortlichen Ihrer Bank anwenden. Manches Mal ist das

Wohlwollen des dort arbeitenden Kundenbetreuers entscheidend für das Überleben einer Firma.

Kundenbetreuer berichten uns über normales Verhalten eines „typischen Bankkunden". Niemals hört man etwas von ihm oder über ihn. Notwendige Unterlagen werden grundsätzlich nur auf Anforderung und meistens auch dann zu spät eingereicht. Über finanzielle Engpässe wird die Bank erst dann informiert, wenn „fast alles zu spät" ist.

Informieren Sie deshalb Ihren Kundenbetreuer stets über alles, was er über Sie und Ihre Firma wissen sollte. Beantworten Sie seine (oft unausgesprochenen, Fragen: „Wer ist mein Kunde?", „Wie macht er seine Geschäfte?", „Woher kommen seine Kunden?", „Was sind seine Pläne?", usw. ...

Pflegen Sie systematisch die Beziehung zu Ihrer Bank. Wenn Sie diese irgendwann einmal brauchen haben Sie verlässliche Partner.

Ihre Lieferantenbeziehungen

Geiz ist geil? Ihre Geschäftspartner bereiten sich in Intensivseminaren „Abwehr von Rabattforderungen" auf die nächsten Gespräche mit ihnen vor? Denken Sie daran, dass Sie auch mit Ihren Lieferanten in Beziehungsnetzwerken agieren.

Ein gutes Verhältnis zu Ihren Lieferanten ist viel wert. Einen Tipp am Rande für ein tolles Geschäft. Ein Anruf mit der Information über eine neue Rabattaktion. Ein Hinweis, wie Sie Ihre Arbeit schneller erledigen können.

Das Thema „Lieferantenverhältnis" geht Sie nichts an? Sie arbeiten als Angestellter in einem Unternehmen und haben keine Lieferanten? Wir gehen davon aus, jeder hat seine Lieferanten. Manches Mal besteht die „Lieferung" eben aus Informationen zur Erledigung Ihrer Geschäftsvorgänge.

Auch Ihre Lieferanten sind Menschen, die sich über die Beziehung mit Ihnen freuen. Oder nicht.

Tipp: Sie kennen sicher die Situation. Sie sind mit Ihrem Lieferanten zufrieden, die Beziehung stimmt und die Zusammenarbeit läuft reibungslos. Plötzlich erhalten Sie von einem Mitbewerber Ihres Lieferanten ein Angebot mit besseren Konditionen.

Beziehungsmanager haben für diese Fälle eine Strategie parat, sich mit ihrem Lieferanten zu verständigen. „Ich habe günstigere Angebote, will aber mit Dir weiterhin zusammenarbeiten. Was können wir tun?"

Ihre sonstigen beruflichen Beziehungen

Achten Sie auch in Ihren sonstigen Berufsfeldern (z.B. bei Ihren Wettbewerbern oder Verbänden) auf gute Beziehungen. Der Volksmund formuliert: „Man sieht sich immer zwei Mal im Leben."

Ihre Privatbeziehungen

Wenn Sie auch die Beziehungen Ihres privaten Umfelds regelmäßig pflegen, umso besser. Dies gibt Ihnen die Ruhe und Kraft, um beruflich erfolgreich zu agieren. Ihre Erkenntnisse und die Ausführungen dieses Ratgebers lassen sich auch privat bestens umsetzen.

Konkrete Fallbeispiele mit weiteren Hinweisen zur Beziehungspflege

Wie fehlendes Beziehungsmanagement einen Tankstellenbetreiber über 3.000 Euro Jahresumsatz kostete

Aus unserem Alltag. Wir waren viele Jahre sehr viel mit dem Auto unterwegs und hatten dementsprechend hohe Tankrechnungen, die zusammengerechnet ca. 3.000,-- Euro im Jahr betrugen.

1999. Seit Mitte des Jahres befindet sich unser Firmensitz in Bad Herrenalb (*Anmerkung: Inzwischen sind wir in die Nähe von Stuttgart gezogen*). Unsere Fahrzeuge betanken wir regelmäßig bei der örtlichen Filiale eines großen Mineralölkonzerns.

Die ersten Male, als wir dort tankten wurden wir mit höflicher Zurückhaltung begrüßt. Freundlich und höflich. Aber mit deutlich spürbarer Zurückhaltung. Dies konnten wir gut nachvollziehen, da man als Tankstellenbetreiber in einem Tourismusort nicht jedem Kunden gleich "um den Hals fällt".

2002. Drei Jahre und viele Tankvorgänge später werden wir bei unserer „Stammtankstelle" noch genauso begrüßt wie 1999. Freundlich und höflich. Aber mit deutlich spürbarer Zurückhaltung.

Nach über drei Jahren (und über 10.000 Euro Umsatz) hatten wir kein Verständnis mehr für diese Art von Stammkunden-Beziehungsmanagement und haben uns eine neue Tankstelle gesucht.

2004. Die frühere Tankstelle hat die beste Waschanlage in der Gegend. Ab und zu fahren wir dort unsere Fahrzeuge durch die Waschanlage. Die Begrüßung ist gleich geblieben. Freundlich, höflich aber mit deutlich spürbarer Zurückhaltung. Niemals wurden wir darauf angesprochen, wieso wir seit zwei Jahren nicht mehr dort tanken.

2013. Sofern wir in der Nähe von Bad Herrenalb zu tun haben, fahren wir gerne an unserem früheren Wohnort vorbei. Die Tankstelle gibt es nicht mehr.

Was lief schief?

Dem Tankstellenbetreiber war es entweder völlig egal, oder es fehlte ihm jegliches Bewusstsein für Beziehungsaufbau und -pflege.

Nachdem wir jahrelang dort tankten, erwarteten wir, irgendwann als Menschen wahr- und angenommen zu werden. Als Stammkunden, die mit Namen begrüßt werden. Die auch einmal auf gemeinsame Erlebnisse angesprochen werden „Schon wieder die Birne des Vorderlichts kaputt. Das passiert aber oft."

Unsere Erwartungshaltung wurde nicht erfüllt. Ein K.o. für jegliche Beziehung.

Als Kunde haben wir immer, und natürlich auch Ihre Kunden, zwei Möglichkeiten:

Wir klären die Beziehung, sprechen Sie Situation an, formulieren unsere Erwartungshaltung und tragen ggf. den dadurch entstehenden Konflikt mit dem Tankstellenpächter aus.

Wir bleiben kommentarlos weg und suchen uns eine andere Tankstelle.

Welchen Weg wir in diesem Fall wählten, wissen Sie. Welchen bevorzugen Ihre Kunden? Ohne dass wir Ihre Kunden kennen, könnten wir uns vorstellen, auch diese entscheiden sich für einen anderen Anbieter.

In solchen Situationen als „Beziehungs-Klärer" aufzutreten, lohnt sich einfach nicht.

So geht es besser

2013. Seit 10 Monaten wohnen wir in Urbach. Ein kleiner, beschaulicher Ort in der Nähe von Schorndorf und Stuttgart.

In der Nähe gibt es eine Bäckerei mit einem angeschlossenen Cafe. Nachdem wir einige Male dort waren, kennen uns inzwischen viele Verkäuferinnen. Gehen wir dort zum Mittagessen, erledigen die Verkäuferinnen meist schon die Bestellung, bevor wir etwas sagen. „Sie haben das letzte Mal auch Cordon Bleu gegessen. Dieses Mal wieder?" Seit wir das erste Mal eine telefonische Bestellung mit unserem Namen aufgaben, werden wir mit „Herr und Frau Arndt" angesprochen.

Die Verkäuferinnen agieren wie professionelle Beziehungsmanager. Sie sind mit Ihren Kunden in ständigem Kontakt. Sie interessieren sich für den Anderen und können sich in seine Bedürfnisse einfühlen. Es ist das kleine bisschen Aufmerksamkeit, das den Unterschied macht.

Dies bedeutet für das sonstige Geschäftsleben nicht, wöchentlich miteinander zu telefonieren, oder sich ständig persönlich sehen. Manchmal hört man auch monatelang nichts voneinander. Wenn man sich als Beziehungsmanager jedoch wieder begegnet, ist es, als wäre das letzte Gespräch gestern gewesen.

Achten Sie dabei auch auf einen klassischen Zielkonflikt in der Beziehungspflege. Jeder scheint heutzutage keine Zeit mehr zu haben (zumindest behaupten dies alle). Während Ihre Geschäftspartner eine maximale Zuwendung von Ihnen (zu Recht) erwarten, ist es Ihr Bestreben, dafür eine minimale Zeit aufzuwenden. Hier hilft Ihnen nur, Ihre Geschäftsbeziehung zu bewerten und Ihre Kräfte fokussiert einzusetzen.

Wie Sie das am besten tun, lesen Sie im Kapitel „Management von Beziehungen". In diesem Ratgeber finden Sie viele Ansätze, wie Sie Aufmerksamkeit gegenüber Ihren Geschäftsbeziehungen entwickeln und leben können. Wir gehen deshalb an dieser Stelle nicht nochmals darauf ein. Beginnen Sie mit der Umsetzung am Besten sofort. Wenn Sie es nicht tun, einer Ihrer Mitbewerber oder Kollegen tut es bestimmt.

Und so geht es nicht - Der Anruf eines alten Bekannten

„Hallo lieber Herr Arndt!", so kommt es freudig aus dem Telefonhörer, als ich (Peter Arndt) ein Gespräch annehme. Ein Bekannter aus dem Vertrieb eines Versicherungsunternehmens. Der letzte Kontakt ist einige Jahre her. Ich freue mich wirklich, ihn mal wieder zu sprechen und frage mich, warum er jetzt auf einmal anruft.

Die Katze wird schnell aus dem Sack gelassen. "Sie sind doch aktiv tätig und viel unterwegs. Wir haben jetzt für Ihre Gesundheit ein neues Nahrungsergänzungsmittel usw. und so fort ..."

Sobald ich zu Wort komme, antworte ich ihm, ich würde mich gesund ernähren und hätte kein Interesse an seinen Produkten. Dies wird enthusiastisch kommentiert: "Ich finde es toll wenn ich Menschen treffe, die für sich klare Entscheidungen treffen. Aber, ..." Und weiter geht es im Verkaufsgespräch.

Nach dem Gespräch freue ich mich nicht mehr über seinen Anruf.

Was lief schief?

Der Anrufer gab mit seiner freudig-enthusiastischen Begrüßung vor, an einer echten Beziehung interessiert zu sein und den Kontakt nach einigen Jahren fortsetzen zu wollen. Letztendlich war dies jedoch vorgespielt, da es ihm ausschließlich um den Verkauf seiner Produkte ging. Die Enttäuschung war deshalb umso größer.

Verkaufstricks helfen nicht wirklich

Beziehungen lassen sich nicht als „Verkaufstrick" vorspielen. Wenn Sie Ihre Mitmenschen nicht wirklich mögen und sich für diese ehrlich interessieren, nützt auch gelesenes und erlerntes Beziehungsmanagement nichts.

Die Mechanismen beider Fallbeispiele wurden bewusst beleuchtet und skizziert. Unbewusst merken alle Menschen, ob Beziehungen echt oder unecht sind. Und handeln entsprechend.

Achten Sie in der nächsten Zeit darauf, wo es Ihren Gegenübern um eine echte Beziehung geht und wo Beziehungspflege nur routinemäßig abgespult wird. Der Unterschied ist deutlich spürbar.

Wie viel Kontakte sind zur optimalen Beziehungspflege nötig?

Eine häufige Frage, hinter der oft die Suche nach einem „Patentrezept" steht. Leider können wir das in diesem Ratgeber nicht bieten. Obwohl wir zugeben, es wäre schön.

Zu verschieden sind die Berufe, in denen Sie als Leser arbeiten. Zu verschieden sind die Menschen, mit denen Sie es zu tun haben. Zu verschieden sind die Gelegenheiten, die sich Ihnen zur Beziehungspflege bieten.

An einigen Beispielen wird es deutlich:

Der Besitzer eines Feinkostladens sieht seine Kunden regelmäßig und häufig. Seine Beziehungspflege ist im Ansatz zunächst passiv und findet ständig im laufenden Kundenkontakt statt.

„Haben Ihnen die Tomaten am Wochenende geschmeckt?"

„Sie waren eine ganze Weile nicht da. Waren Sie im Urlaub?"

„Sie mögen doch Vollkornbrot. Wir haben jetzt eine neue Sorte, die Sie mal probieren sollten. Schmeckt Ihnen bestimmt."

...

Indem er mit seinen Kunden lebt, pflegt er seine Beziehungen.

Diese Möglichkeit hat beispielsweise ein Autoverkäufer nicht. Er verkauft ein Auto und danach ist zunächst „Sendepause". Diese dauert im Normalfall einige Jahre, bis der Kauf des nächsten Fahrzeugs ansteht.

In dieser Zeit kann viel passieren. Verhältnisse beim Kunden ändern sich. Neue Modelle erscheinen auf dem Markt. Wettbewerber kommen ins Spiel.

Betreibt der Autoverkäufer jetzt dieselbe Beziehungspflege wie obiger Feinkosthändler hat er schon verloren. Für ihn kommt es darauf an, aktiv den Kontakt zu seinen Kunden zu suchen und zu halten. Dafür hat er einige Möglichkeiten.

Ein Werkstattbesuch zur Inspektion ist fällig. Der Verkäufer erfährt dies durch den Werkstattleiter und ist beim Termin anwesend, um kurz mit dem Kunden zu plaudern.

Ein neues Fahrzeugmodell wird vorgestellt. Der Käufer bekommt eine Einladung. Er war nicht da? Kurze Postkarte an den Kunden: „Ich habe Sie bei der Einweihung des XY nicht gesehen, Schade, dass Sie nicht da waren. Kann ich für Sie eine Probefahrt reservieren?"

Ein Blick in die Kundenkartei eröffnet zusätzliche Möglichkeiten der aktiven Beziehungspflege. Geburtstag des Kunden, sein Firmenjubiläum und weitere persönliche Ereignisse bieten Chancen, sich positiv in Erinnerung zu rufen. Gelegenheiten für Beziehungspflege finden sich immer.

Auch der Angestellte im Großraumbüro hat sein Beziehungsnetz, das er täglich pflegt.

Seine Kunden am Telefon freuen sich, dass er sich an das letzte Gespräch noch erinnert.

Seine Kollegen aus anderen Abteilungen erhalten regelmäßig Informationen über den Sachstand, wenn sie mit ihm in Projekten zusammenarbeiten.

Sein Vorgesetzter weiß, dass er über beson-dere Vorkommnisse regelmäßig informiert wird.

Unsere Empfehlung

Im Kapitel „Management von Beziehungen" finden Sie die „4er Formel" für Ihr Beziehungsmanagement. Fangen Sie an, machen Sie Ihre Erfahrungen damit und die richtige Kontaktfrequenz wird sich auch bei Ihnen einspielen.

Manches Mal kommen Geschäfte auch nur deshalb zustande, weil der andere im richtigen Moment in der Erinnerung war. Mit regelmäßiger Kontaktpflege nutzen Sie auch diesen Effekt für Ihren persönlichen Erfolg.

Wie pflegt ein Unternehmen als Ganzes Kundenbeziehungen?

Diese Frage ist bei großen Organisationen, aber nicht nur dort, regelmäßig in der Diskussion.

Beispielsweise gibt es bei einigen Banken inzwischen einen Zuständigen für die Kontoführung, einen für Firmenkundenbelange, einen für die Vermögensverwaltung, einen für ...

Im Vorstand stellt sich dann irgendwann die Eingangsfrage. In der Kundschaft auch, wenn man als Kontoinhaber das Pech hat, für seine Bankangelegenheiten vier Ansprechpartner zu haben.

Unsere Antwort auf die Eingangsfrage: „Gar nicht."

Da Beziehungen nur von Mensch zu Mensch möglich sind, kann diese Aufgabe nicht von einer Organisation oder Institution wahrgenommen werden. Die Organisation kann nur dafür sorgen, dass die dort arbeitenden Menschen in die Lage versetzt werden, ihre Geschäftsbeziehungen zu pflegen. Dies sollte durch entsprechende Strukturen und Maßnahmen ermöglicht und erleichtert werden. Denn auf seinem Platz ist jeder der angestellten Mitarbeiter für die Pflege seiner Geschäftsbeziehungen verantwortlich.

Beziehungen klären

"Zu vielen meiner Kunden habe ich durch systematisches Beziehungsmanagement eine sehr gute Beziehung aufgebaut. Trotzdem kommt daraus nicht so viel Geschäft, wie ich mir erwarte.

Was kann ich tun, um meine Vertriebsergebnisse zu steigern?"

Solche und ähnliche Fragen erhalten wir oft. Dahinter steckt eine oder mehrere der folgenden Überlegungen:

„Beziehungsmanagement Top - Geschäft Flop?"

„Jetzt habe ich doch alle Beziehungsregister gezogen und trotzdem will der Kunde nicht."

„Mit Beziehungsmanagement läuft es auch nicht besser als ohne."

Woran liegt es nun, wenn Beziehungsmanagement nicht so funktioniert, wie Sie es sich vorgestellt haben?

Häufige Gründe für „nicht funktionierendes Beziehungsmanagement"

Oft liegt es einfach nur daran, dass der Begriff einer Beziehung völlig unterschiedlich interpretiert und verstanden wird.

So beinhalten einige Seminare, die mit dem Titel „Beziehungsmanagement" angeboten werden, keine echte Beziehungspflege sondern populäre Manipulationsmodelle. Dort wird suggeriert, wenn man beim Kunden den richtigen Knopf drückt, kauft dieser sofort. Die Anleitung, wie der Knopf zu drücken sei, wird unter „Beziehungsmanagement" verkauft.

Oder es stellt sich bei gezielten Nachfragen heraus, Beziehungsmanagement wurde zwar propagiert, aber nicht gelebt.

Manchmal ist eine Beziehung auch einseitig. Man verausgabt sich mit Beziehungspflege - und merkt gar nicht, der Andere hat daran keinerlei Interesse.

Häufig liegt eine unrealistische Erwartungshaltung an das eigene Beziehungsmanagement vor.

Die Formel: „1 x Beziehung gemacht = Verkauf." funktioniert dabei zum großen Erstaunen des Anwenders nicht.

Ein weiterer Grund. Eine unrealistische Erwartungshaltung an Geschäftsbeziehungen liegt vor.

Unvergessen ist uns beispielsweise das Erlebnis einer „Visitenkartenparty", an der wir vor längerer Zeit teilnahmen. Viele der dort Anwesenden gingen von der Voraussetzung aus: „Ich gehe jetzt dort hin, verteile meine Visitenkarten und gewinne damit neue Kunden.". Beinahe spaßig wurde die Angelegenheit dadurch, dass nahezu alle Anwesenden mit dieser Einstellung da waren. Und so gab es dort nur Leute, die (sich) verkaufen wollten, aber leider keine kaufbereiten Kunden.

Und zuletzt kann oft die Selbstreflektion zur eigenen Beziehungsarbeit verbessert werden.

Weiter vorne fanden Sie das Beispiel eines Telefonverkäufers. Er meldet sich plötzlich nach mehreren Jahren ohne Kontakt wieder, jubelt freudig „Hallo" ins Telefon und wundert sich. Er hat nichts verkauft, obwohl er so toll Beziehung aufgebaut hat.

Ein Key-Account-Manager weiß nicht mehr weiter

Der Beitrag von Herrn Nettetal fiel im Seminar bei der Sammlung der Fallbeispiele zunächst gar nicht besonders auf.

Er schrieb:

„Vertriebspartneraktivierung.
Nur nehmen, nichts geben."

Nachgefragt ergab sich folgende Situation:

Klaus Nettetal betreut seit 15 Monaten seinen Vertriebspartner Peter Maier. Die Beziehung beschreibt Herr Nettetal als sehr gut. Man versteht sich gut und trifft sich regelmäßig zu Gesprächen. Herr Maier ist auch gerne bereit, Herrn Nettetal im Büro zu besuchen.

Die Gruppe fragt weiter, worum es bei den Gesprächsterminen geht. Herr Nettetal antwortet, er informiere Herrn Maier regelmäßig über Neuigkeiten im Haus seines Arbeitgebers, Gesetzesänderungen, aktuelle Fälle aus der Branche und auch mal über den neuesten Branchenklatsch.

Natürlich kommt irgendwann die Frage aus der Gruppe: „Was ist bisher herausgekommen?"

Herr Nettetal wird verlegen und erklärt schließlich: „Eigentlich nichts. Derzeit läuft eine Anfrage, die schon bei mehreren Mitbewerbern wegen unzumutbarer Forderungen des Kunden abgelehnt wurde. Diese habe ich inzwischen hausintern weitergeleitet und warte noch auf das Ergebnis."

Die Gruppe interessiert abschließend, ob Herr Nettetal den Partner schon mal auf die fehlenden Geschäftsabschlüsse angesprochen habe. Dies bejaht er. Bei diesem Gespräch sei jedoch nichts Konkretes herausgekommen. Herr Maier hätte reserviert reagiert. „Es hätte bisher noch keine Gelegenheit für ein gemeinsames Geschäft gegeben."

Was lief schief?

Herr Maier hat es recht komfortabel. Er wird stets mit aktuellen Informationen versorgt. Eine Gegenleistung in Form von Geschäft hat er seit Beginn der Zusammenarbeit nicht erbracht. Wird die Thematik angesprochen, weicht er aus.

Ab und zu wird Herr Nettetal mit einer eigentlich unzumutbaren Angebotsanforderung versorgt, damit guter Wille bewiesen ist. Eine Position, die Herr Maier von sich aus nicht verändern wird. Wozu auch? Bis jetzt profitiert er davon.

Herr Nettetal hat mit der vorliegenden Situation inzwischen ein richtiges Problem. Er hat erkannt, etwas läuft schief. Eine Lösung sieht er noch nicht. Den Kontakt abzubrechen, kommt für ihn in diesem Stadium nicht in Frage. Zum Einen hat er viel investiert, zum Anderen hofft er nach wie vor auf Geschäft. Hier steht an, die Beziehung zum Partner zu klären und ggf. zu beenden.

Was hindert Herrn Nettetal nun, sein Problem bei Herrn Maier anzusprechen?

Lesen Sie auf den Folgeseiten alles Wichtige zum Thema „Beziehungen klären".

Beziehungen klären

Beziehungen zu klären ist keine ausschließlich rationale Angelegenheit. Hier kommen Emotionen ins Spiel, die umso stärker werden, je länger die Beziehung dauert.

Emotionen

Vor und während der Klärung einer Beziehung können folgende Empfindungen auftreten:

Angst

Die Situation nach der Klärung der Beziehung ist vorher völlig unbekannt. Möglicherweise treten nach Ansprache eines Konfliktes ungewünschte Veränderungen ein.

Auch die generelle Angst jedes Menschen, nicht geliebt und anerkannt zu werden spielt eine Rolle.

Verlustangst

Eine Unterform der oben angesprochenen Angst, die sehr viel mit dem Thema „Loslassen" zu tun hat. Eventuell führt die Klärung der Beziehung dazu, dass die Parteien hinterher nicht mehr zusammenarbeiten wollen. Obwohl noch nie Geschäft kam, könnte man ja zukünftiges (erhofftes) Geschäft verlieren.

Wut

Im beschriebenen Fall kommt eine gehörige Portion „Wut im Bauch" dazu, nachdem das Verhalten des Geschäftspartners erkannt wurde. Diese Wut richtet sich nicht nur auf den Anderen. Auch die Wut auf sich selbst spielt hier eine Rolle. Nicht gesehen zu haben, auf was man sich eingelassen hat. Ohne Erfolg viel investiert zu haben.

Selbstvorwürfe und Schuldzuweisung

„Warum war ich so ungeschickt, so lange mitzumachen?", „Ich hätte schon viel früher die Beziehung klären sollen.", Wie kann man nur so blöd sein wie ich."

Vorwürfe dieser und ähnlicher Art gegenüber sich selbst kennen Sie wahrscheinlich aus eigener Erfahrung.

Unwohlsein - Immer das Gefühl zu haben, hier stimmt etwas nicht. Keine Beachtung zu bekommen. Nicht ernst genommen zu werden.

Unsicherheit

Beziehungen zu klären lernt man im Regelfall weder im Kindergarten, noch in der Schule, in der Ausbildung und auch später sehr selten. Deshalb begeben sich viele auf absolutes Neuland und verspüren dort eine erhebliche Unsicherheit. Einfach gesagt, sie wissen nicht was sie tun sollen um die Beziehung zu klären.

Enttäuschung

Sie haben erwartet, dass der Andere so reagiert wie Sie selbst oder wie Sie es gerne hätten. Offensichtlich hat der Partner jedoch völlig andere Pläne und Vorstellungen als Sie. „Ent-Täuschung" ist das Ende der Täuschung. Oftmals das Ende der Selbsttäuschung. Es gehört eine große psychische Kraft dazu, sich selbst das eigene „Versagen" einzugestehen.

Hoffnung

Bekanntlich stirbt diese zuletzt. Trotzdem ist sie immer da. In diesem Fall die Hoffnung auf eine Besserung der Situation nach der Klärung. Diese ist Ihre Antriebsfeder, die sie zum Handeln bewegt.

Viele Empfindungen, die es Ihnen nicht gerade leicht machen Beziehungen zu klären. Dazu ist eine gehörige Selbstüberwindung erforderlich. Doch es lohnt sich, damit anzufangen.

Nach einer Beziehungsklärung können folgende Empfindungen auftreten:

Klarheit

Alle Karten liegen auf dem Tisch und die Situation ist für alle Beteiligten geklärt.

Erleichterung

Dieses Gefühl kennt Jeder, der schon einmal eine schwierige Situation hinter sich gebracht hat.

Verständnis

Für das Verhalten des Anderen und das eigene.

Wohlsein

Das beruhigende Gefühl, eine schwere Aufgabe vollbracht zu haben.

Sicherheit

Diese folgt aus der Gewissheit, das Richtige getan zu haben damit die Beziehungswelt wieder in Ordnung ist.

Miteinander

Gemeinsam eine Beziehung geklärt zu haben, bringt meistens ein ganz neues Gefühl des Miteinanders.

Frust

Wenn Sie das Gefühl haben, der Andere war selbst in dieser Situation nicht offen und ehrlich zu Ihnen.

Enttäuschung

Das Ende der Täuschung

Ein wichtiger Hinweis

Bevor wir uns mit weiteren Lösungsansätzen befassen, noch ein Hinweis, den wir unseren Seminarteilnehmern stets als Leitsatz mitgeben:

Sie können nur Ihre eigenen Beziehungen klären!

Auch Sie sollten dies beherzigen und sich ausschließlich um Ihre eigenen Beziehungen kümmern. Obwohl die Verlockung groß ist, sich zunächst mal um die Beziehungen von Familienmitgliedern, Freunden, Kollegen etc. zu kümmern. Eine beliebte Spielwiese für diejenigen, die sich lieber um Andere kümmern, um sich selbst nicht betrachten zu müssen.

Noch ein Tipp:

Überlegen Sie am besten gleich, mit wem Sie ungeklärte Beziehungen haben. Egal ob im Beruf oder im Privatleben. Und klären Sie diese so schnell wie möglich mit Hilfe der folgenden Lösungsansätze. Es lohnt sich. Fangen Sie erst an, merken Sie bald, welche Vorteile Sie davon haben wenn Ihre Beziehungen geklärt sind.

Ein „Worst-Case-Szenario" beruhigt

Um sich von der Angst vor den Folgen der Beziehungsklärung zu befreien, empfehlen wir Ihnen, für den Einzelfall ein sog. **„Worst-Case-Szenario"** für sich selbst durchzuführen.

Die Frage dazu lautet:

„Wenn ich jetzt diese Beziehung kläre, was kann danach im schlimmsten Fall passieren?"

Dabei sollten Sie den Gedanken am meisten Aufmerksamkeit schenken, die Ihnen unmittelbar nach der Fragestellung in den Sinn kommen. Ggf. können Sie den Gedanken auch weiterverfolgen und sich die Frage stellen „Und was kann danach passieren?"

In den allermeisten Fällen lautet das Endergebnis auf die Frage, was im schlimmsten Fall passieren kann: „Nichts".

Auch im beschriebenen Beispielfall war es so. Herr Nettetal musste nach Klärung dieser Fragestellung lachen und stellte fest: „Es kann mir überhaupt nichts passieren. Weniger Geschäft als bisher kann ich nicht bekommen. Und wenn danach die Beziehung beendet sein sollte, habe ich sogar mehr Zeit für mich und meine anderen Partner."

Die Beziehungsbilanz als Klärungsinstrument

Für das weitere Vorgehen empfahlen wir Herrn Nettetal, sich mit seinem Partner zusammenzusetzen und dabei folgendes Chart auf einem leeren Blatt DIN A 4 zu entwickeln:

Ich habe gegeben	Ich habe bekommen

Auf diesem Blatt sollte er zunächst stichwortartig notieren, was der Partner in der gemeinsamen Geschäftsbeziehung bekommen hat; also Herr Nettetals Investition in die Geschäftsbeziehung (da er die Kontakte und jeweiligen Gesprächsinhalte notiert hatte, war dies für ihn kein Problem). Danach sollte er aus seiner Sicht aufschreiben, was Herr Maier in die Geschäftsbeziehung eingebracht hat (da dies so gut wie nichts war, fiel ihm das auch leicht).

Anschließend sollte er das beschriebene Blatt mit Herrn Maier besprechen, ihn auf das Missverhältnis hinweisen (sofern dieser es nicht selbst bemerkt) und fragen wie die künftige Zusammenarbeit gestaltet werden soll.

Auf unsere abschließende Frage, wie er den Ausgang dieser Situation einschätzt antwortete er: „Herr Maier wird die Geschäftsbeziehung von sich aus beenden. Aber das ist mir egal."

Herr Nettetal hatte sich mit Hilfe der Seminargruppe mit seinem Problem auseinandergesetzt. Er konnte nun eine Entscheidung treffen und mit deren Folgen leben.

Nicht immer sind die zu klärenden Beziehungen so eindeutig und extrem wie das geschilderte Fallbeispiel. Manchmal haben Sie vielleicht nur das Gefühl, trotz einer guten Beziehungsarbeit verläuft Ihr Geschäftserfolg nicht nach Ihren Vorstellungen. Für diesen Fall empfehlen wir Ihnen den folgenden 4-Schritte-Plan zu nutzen.

4-Schritte-Plan wenn Ihre Beziehungsarbeit nicht das gewünschte Ergebnis erzielt

Schritt 1

Überprüfen Sie genau, ob sich die Beziehung wirklich so gut entwickelt hat, wie Sie denken.

Wenn eine gute Beziehung zu Ihrem Partner besteht, sprechen Sie das Thema, das Sie beschäftigt konkret an. Zum Beispiel so: „Wir sind seit längerer Zeit in Kontakt miteinander und trotzdem kaufen Sie Produkte, auf die wir spezialisiert sind bei Mitbewerbern ein. Woran liegt es, dass ich/wir das Geschäft nicht bekommen?"

Schritt 2

Geben Sie Ihrem Gesprächspartner Zeit, sich mit der Fragestellung zu beschäftigen und zu antworten.

Schritt 3

Beobachten Sie die Geschäftsentwicklung in der dar-
auffolgenden Zeit genau. Kommt weiterhin kein Geschäft, sollten Sie sich von diesem Kunden in ange-
messener Art und Weise trennen und Ihre Konzentra-
tion auf vielversprechendere Verbindungen legen.

Schritt   4

Gestalten Sie eine Trennung immer so, dass Sie Ihr
Gesicht wahren und bei veränderten Rahmenbedingungen wieder mit den Menschen in Kontakt treten
können!"

Praxisbeispiel zum 4-Schritte-Plan

Wir schreiben das **Jahr 2000**. Eine klasse Seminarserie mit den Vertriebsmitarbeitern eines Versicherungskonzerns ist vorbei. Friedrich Weller, der Vertriebschef, bestätigt uns, seine „Truppe" erstmals zu einem Team vereinigt zu haben und die optimale Grundlage für seinen zukünftigen Erfolg gelegt zu haben.

2012. 12 Jahre sind vergangen. Friedrich Weller wurde mehrfach befördert und leitet die, inzwischen sehr erfolgreiche, Vertriebseinheit immer noch. In den letzten zwölf Jahren haben viele Gespräche zwischen uns stattgefunden. Viele Ideen wurden gemeinsam entwickelt. Einige Konzepte wurden schriftlich ausgearbeitet. Ein Auftrag kam nie mehr zustande. Stets gab es Ereignisse und Entscheidungen im Konzern die „in letzter Minute" zur Vertagung eines abgesprochenen Auftrags führten. Höchste Zeit für eine Klärung.

Juni 2012. Friedrich und ich (Peter Arndt) telefonieren über das für 2012 gemeinsam geplante Schulungskonzept. Friedrich erklärt mir, dass die geplanten Schulungen verschoben werden müssen, weil die EDV-Abteilung neue Prioritäten vom Vorstand bekommen hätte. Ich sage daraufhin zu ihm: „Friedrich. Ist Dir schon mal aufgefallen, dass wir das jetzt seit über 10 Jahren machen? Wir planen und planen, entwickeln gemeinsam gute Ideen – und im letzten Moment kommt immer etwas dazwischen. Seit 2000 haben wir keinen konkreten Auftrag mehr bekommen. Seine Antwort: Zunächst pikiertes Schweigen. Dann. „Das stimmt. Jetzt wo Du es ansprichst, fällt es mir auch auf." Auf meine Frage, wie wir weiter vorgehen sollen, kommt die Aussage: „Wir sind dran und sobald die EDV alles geregelt hat, machen wir die Schulungen." Wir verabreden, dass er „am Zug ist" und sich auf jeden Fall meldet.

Januar 2013. Während ich dieses Fallbeispiel schreibe, fällt mir auf, dass ich seit dem letzten Telefonat nie mehr etwas von Friedrich gehört habe ...

Nachdem die Beziehung geklärt ist, kann ich sehr gut damit leben.

Welches Hilfsmittel verwenden Sie am besten?

Ob Sie das „Bekommen/Gegeben - Chart" verwenden, den 3-Schritte-Plan nutzen oder Beziehungsstörungen ohne Hilfsmittel klären - immer wird es sich für Sie lohnen und Sie ein Stück voranbringen. Probieren Sie es aus.

Beziehungen beenden

Beziehungen aufzubauen ist nicht immer einfach. Beziehungen zu beenden scheint des Öfteren beinahe unmöglich zu sein. Mit immenser Energie wird im Geschäftsleben oft an Beziehungen festgehalten, die eigentlich schon lange beendet sind. Doch erst dann, wenn unproduktive Geschäftsbeziehungen beendet werden, ist Platz für neue Beziehungen.

Achten Sie deshalb immer sehr aufmerksam auf Zeichen, die Ihnen signalisieren, „Hier könnte es Zeit sein, einen Geschäftskontakt ruhen zu lassen oder zu beenden":

Ihr Geschäftspartner ist regelmäßig nicht zu sprechen.

Versprochene Rückrufe bleiben aus.

Vereinbarte Termine werden öfters verschoben oder ganz abgesagt.

Schon zu Beginn eines persönlichen Gesprächs wird mitgeteilt: „Heute habe ich leider keine Zeit..."

Die Körpersprache des anderen drückt Desinteresse aus (z.B. Wegdrehen, häufiges schauen auf die Uhr etc.).

Ihr Partner beteiligt sich nicht aktiv am Gespräch.

Obwohl Sie marktfähige Produkte anbieten erhalten Sie keinen Auftrag.

Der Bedarf an Ihrem Angebot besteht generell nicht mehr.

Verbindliche Aussagen werden nicht mehr getroffen.

...

Im folgenden Fallbeispiel lesen Sie über die Geschäftsbeziehung von Herrn Entenmann und Herrn Bär.

Eigentlich ist sie schon lange zu Ende, aber ...

Die Hoffnung stirbt zuletzt

Rudolf Entenmann ist Vertriebsmitarbeiter einer großen Dienstleistungsgesellschaft. Und er hat ein Problem mit dem Interessenten Günther Bär. An diesem ist
Herr Entenmann schon seit drei Jahren „dran", um
ihn zum Kauf eines neuen EDV-Programms zu bewegen. Seine Bemühungen fingen gut an. Er lernte Herrn
Bär auf einer Messe kennen. Beide waren sich sympathisch. Herr Bär signalisierte Interesse an einem neuen
EDV-Programm und man vereinbarte einen Präsenta-
tionstermin.

Auch die Präsentation verlief gut. Die Eigenschaften
des Programms entsprachen genau dem gewünschten
Anforderungsprofil. Herr Bär war sehr interessiert -
kaufte aber nicht.

Seither besteht der Kontakt zwischen Herrn Entenmann und Herrn Bär. Als guter Vertriebsmitarbeiter
und Beziehungsmanager meldet sich Herr Entenmann regelmäßig telefonisch und spricht mit Herrn
Bär über EDV-Themen. Zwei Updates, die in der
Zwischenzeit programmiert wurden, hat er persönlich
vorgestellt ohne dass sich Herr Bär zu einem Kauf
entschließen konnte.

Herr Bär hat sich innerlich bereits vor einiger Zeit für eine andere Lösung entschieden. Herr Entenmann ist ihm jedoch sehr sympathisch und er sieht auch, wie sich dieser bemüht. Deshalb scheut er sich, ihn „vor den Kopf zu stoßen" und ihm die Sachlage klar mitzuteilen. Bei den Telefonaten und Gesprächen weicht er so gut wie möglich aus, um keine Entscheidung kommunizieren zu müssen.

Inzwischen macht sich Herr Entenmann Gedanken über die Relation zwischen seinem Aufwand und dem Ertrag. Bei genauer Überlegung stellt er fest, außer Herrn Bär hat er noch mehrere andere Interessenten, bei denen er sich seit langer Zeit vergeblich bemüht.

Was lief schief?

Der Beispielfall schildert das beinahe klassische Dilemma. Ein Verkäufer, der nicht loslassen kann. Ein Interessent, der nicht „Nein" sagen kann. Herr Entenmann lässt, aus welchen Gründen auch immer, seine zunächst vielversprechende Anbahnung nicht los.

Eine Parallele finden wir in der Geschichte, wie man einen Affen fängt. Uns selbst fehlen diesbezüglich persönliche Erfahrungen. Den Erzählungen nach geht es jedoch ganz einfach.

„Man präpariert ein Gefäß mit einer kleinen Öffnung und füllt es mit ein paar Süßigkeiten. Ersatzweise kann man auch einen Baum nehmen mit einem Astloch in entsprechender Größe.

Der Affe, der das Futter gerne haben möchte, steckt seine Pfote in das Gefäß oder das Loch im Baum und ergreift eine große Handvoll Futter. Die jetzt gefüllte Faust kann er durch die kleine Öffnung nicht mehr herausziehen. Nur wenn er das Futter loslässt kann er sich wieder befreien.

Leider hat der Affe kein entsprechendes Bewusstsein und hält weiter am Futter fest.

Der Fänger kann ihn in aller Ruhe abholen."

Zurück zu den Protagonisten des Fallbeispiels. Auf der Sachebene kommen beide keinen Schritt weiter. Die Situation ist festgefahren. Wenn auch zukünftig keiner der Beiden in der Lage ist, eine Entscheidung zu treffen, ändert sich nichts.

Auf der Beziehungsebene ereignet sich einiges. Dynamisch verstärken sich die negativen Gefühle bei beiden.

Herr Entenmann erhält für seine Investitionen in die vermeintlich gute Interessenten-Verkäufer Beziehung nichts zurück. Er wird zunehmend frustriert. Erfährt er je die Wahrheit, wird die Enttäuschung riesengroß sein.

Auch Herrn Bär geht es nicht gut. Mit dem Wissen, sein Verhalten ist nicht in Ordnung, hat er ständig ein schlechtes Gewissen gegenüber Herrn Entenmann.

Ein professionelles Ende kann schon der Grundstein eines neuen Anfangs sein

Verbesserungshinweise für das Verhalten des Interessenten finden Sie im Kapitel „Nein-Sagen". Für Herrn Entenmann empfiehlt sich jedoch, die Beziehung zunächst zu klären (siehe Kapitel „Beziehungen klären") und danach zu beenden.

Die Beendigung einer Beziehung hat nichts mit einer Wertung für die Person des anderen zu tun. Es ist lediglich das Signal für alle Beteiligten, die Geschäftsbeziehung nicht mehr auf der bisherigen Basis fortzuführen. Dadurch wird Energie und Zeit frei, die Sie für Aufbau und Pflege weiterer Beziehungen verwenden können.

7 Schritte, um eine Geschäftsbeziehung zu beenden

Folgende Schritte helfen Ihnen, eine Geschäftsbeziehung fair zu beenden. Durch Einhaltung dieser Schritte wird eine professionelle Lösung zum allseitigen Vorteil herbeigeführt. Jeder der Beteiligten kann hinterher auf den anderen wieder zukommen, wenn sich die Umstände geändert haben.

1.)   Konsequenzen prüfen

Jede Ihrer Aktionen hat eine Konsequenz. Prüfen Sie, welche Folgen es hat, wenn Sie die Beziehung beenden.

2.)   Entscheidung treffen

Wenn Sie mit den Konsequenzen Ihres Vorhabens leben können, treffen Sie die Entscheidung, diese Beziehung zu beenden.

3.)   Kontakt suchen

Suchen Sie den Kontakt zu Ihrem Partner, um ihm
ihre Entscheidung mitzuteilen.

Am Besten geht dies in einem persönlichen Gespräch
oder in einem Telefonat. Achten Sie jedoch auf das
Prinzip der Wirtschaftlichkeit. Es lohnt sich nur im
Ausnahmefall, 500 Km zu fahren, nur um das Ende
einer Beziehung mitzuteilen.

Auch den Ansatz, die nächsten zwei Monate vom
Markt zu verschwinden, um Beziehungen zu beenden
halten wir für verfehlt (beides haben wir schon erlebt).

Auch ein Brief, ein Fax oder eine persönlich gehaltene
E-Mail sind geeignete Mittel für diesen Zweck.

Den Handy-Dienst „SMS" zu verwenden ist grundsätzlich auch möglich. Selbst Liebesbeziehungen im
Privatbereich werden heute mit diesem Medium beendet („Das war´s. Tschüss. Klaus"). Im Geschäftsleben raten wir Ihnen davon ab.

4.)   Eigene Einschätzung der Situation mitteilen

Teilen Sie dem Partner kurz Ihre Einschätzung der Situation mit. Dies sollten Sie auch wirklich kurz halten. Sie haben sich entschieden, die Beziehung zu beenden und wollen nicht erneut beginnen, Zeit und Energie zu investieren.

Achten Sie darauf, keine Wertungen oder Schuldzuweisungen zu transportieren; weder offen noch verdeckt.

5.)   Ggf. Einschätzung des Partners erfragen

Sie haben es sich reiflich überlegt und Ihren Entschluss getroffen. Trotzdem sollten Sie Ihren Partner kurz fragen, ob er Ihre Einschätzung teilt. Kommt von Ihrem Partner an der Stelle die Frage nach dem unterschriftsreifen Kaufvertrag können Sie Ihr Vorgehen immer noch überdenken.

Achtung: Lassen Sie sich nicht auf Rechtfertigungsversuche, Schuldzuweisungen und andere „Spiele" ein! Nach dem Motto: „Sie haben mir doch vor sechs Wochen eine Nachricht innerhalb von drei Tagen zugesagt. Und wann kam sie?"

6.)   Entscheidung mitteilen

Kommunizieren Sie Ihre Entscheidung, die Beziehung nicht mehr auf der bisherigen Basis fortzusetzen.

7.)   Weiteres Vorgehen mitteilen

Der Volksmund sagt „Man sieht sich immer zwei Mal im Leben". Achten Sie deshalb darauf, Ihre Beziehungen so weit wie möglich im Guten zu beenden. Schnell können sich Rahmenbedingungen ändern und eine Geschäftsbeziehung kann auf neuer Basis wieder möglich sein.

Machen Sie dem Anderen ggf. Vorschläge, wie die Beziehung auf einer reduzierten Basis weitergeführt werden kann.

In unserem Fallbeispiel hätten beide schon längst die Möglichkeit gehabt, die Beziehung zu beenden.

Herr Entenmann kann Herr Bär mitteilen:

„Ich bemühe mich jetzt schon seit drei Jahren um den Auftrag für Ihr neues EDV-Programm. Inzwischen habe ich das Gefühl, Sie können sich auch in der nächsten Zeit nicht für einen Kauf bei uns entscheiden. Sehe ich das richtig? ...

Dann bitte ich Sie um Ihr Verständnis, dass ich meine bisherigen Bemühungen um Sie nicht fortsetzen werde. Damit wir trotzdem in Kontakt bleiben, lasse ich Ihre Adresse in unserem Informationsverteiler. Und wenn Sie konkreten Bedarf an unseren Leistungen haben, freue ich mich auf einen Anruf von Ihnen"

Wie kann eine Lösung für Herrn Bär aussehen, um die Beziehung zu bereinigen?

„Herr Entenmann, Sie bemühen sich jetzt schon seit einiger Zeit um einen Auftrag. Ich habe das Thema eingehend geprüft und habe mich in diesem Fall für ein anderes Programm entschieden. Die Gründe dafür liegen nicht bei Ihnen, sondern ...

Danke für Ihre bisherigen Bemühungen. Sie können sicher sein, wenn sich in unserem Haus zukünftig Bedarf an Ihren Dienstleistungen besteht, wenden wir uns wieder an Sie."

Marzella & Peter Arndt

Beziehungsstörungen vermeiden und meistern

Bis hierher und nicht weiter

Grenzen ziehen, Grenzen stecken, Grenzen akzeptieren, Grenzen aufbauen, Grenzen überschreiten, Grenzen einreißen, grenzenlos sein.

Jeder Mensch hat sichtbare und unsichtbare Grenzen.

Die Einhaltung der persönlichen Grenzen eines Partners bildet die Basis der Beziehung.

Bei Missachtung oder Grenzverletzungen drohen Beziehungsstörungen.

Wenigen ist bewusst, dass wir selbst eine Grenze darstellen. Dass wir uns durch unseren Körper ganz klar von jedem anderen Menschen abgrenzen. Der physikalische Körper ist unsere materielle Grenze, von jedem Menschen sofort als solche sichtbar.

Unsere unsichtbare Grenze geht, je nachdem wie wir unsere Persönlichkeit entwickelt haben, und je nachdem ob und in welcher Qualität wir uns in unserem geistig, seelisch und körperlichen Gleichgewicht befinden, weit über unsere materielle hinaus.

Sie endet da, wo unser Gegenüber uns gefühlsmäßig berührt. Egal ob mit Freude oder Trauer, egal ob mit Schmerz, Wut, Liebe, Geborgenheit, Enttäuschung oder anderen Empfindungen. In diesem Falle ist sie oft nur von uns selbst spürbar. Es kommt auf unser Gegenüber an und dessen Sensibilität. Grob strukturierte Menschen nehmen oft nur die körperlichen Grenzen wahr. Je feiner wir Menschen strukturiert sind, je bewusster wir leben umso deutlicher nehmen wir auch psychische und unsichtbare Grenzen der anderen wahr.

Auch bei der Intensität unserer Beziehungen, kommt es darauf an, wie intensiv wir die Grenzen unserer Mitmenschen wahrnehmen.

So fallen uns Gefühlswandlungen beim Lebenspartner, bei Kindern und Freunden natürlich viel schneller auf, als beim Nachbarn, Mitarbeiter, Vorgesetzten, Geschäftspartner oder Kunden. Umso mehr sollten wir bei den letzt genannten Personengruppen aufmerksam und bewusst sein, um unnötige Konflikte und Beziehungsstörungen schon im Vorfeld zu vermeiden.

Die unsichtbaren Grenzen machen uns natürlich mehr Probleme als die sichtbaren.

Sie meinen es gibt keine unsichtbaren Grenzen? Wir sind überzeigt, es gibt sie und auch Sie kennen diese aus Ihrem ganz normalen Alltag.

Sicher sind Sie schon einmal in einer Schlange gestanden, in der Kantine, beim Einkaufen, auf dem Flughafen, an irgendeinem Schalter und hatten das Gefühl Ihr „Hintermann" steht regelrecht auf Ihnen drauf, obwohl vom räumlichen Abstand her noch lange keine körperliche Berührung stattfinden kann. Sie konnten Ihn ganz deutlich spüren, ohne sich umzudrehen.

Der Wartende hinter Ihnen hat Ihre unsichtbare Grenze überschritten. Da er offensichtlich zu den eher grob strukturierten Menschen gehört, nimmt er Ihre Grenze nicht wahr. Sie aber seine.

Noch unangenehmer wird es, wenn Sie ein Stückchen vorrücken, oder sich sonst irgendwie Platz verschaffen und Ihr „Hintermann" nachrückt. In solchen Fällen hilft dann nur noch die direkte Ansprache.

Eine andere Situation macht ihre unsichtbaren Grenzen ebenso deutlich.

Sie sitzen in einem Café, bei einem Geschäftsgespräch, am Strand oder sonst irgendwo, sind ganz mit sich selbst und Ihrem Gesprächspartner beschäftigt, und doch spüren Sie, es schaut Sie jemand an, ganz direkt. Er fixiert Sie regelrecht. Sie sehen denjenigen nicht, bzw. noch nicht. Sie drehen sich um und Ihre Ahnung wird wahr.

In diesem Falle ist nichts anderes geschehen, als dass der „fremde Betrachter" Ihre unsichtbare Grenze überschritten hat.

Wahrscheinlich fallen Ihnen nun selber zahlreiche Situationen ein, die das Gesagte bestätigen.

Wir sollten, sowohl im Geschäftsleben, als auch im Privatleben auf alle Grenzen unserer Partner achten, sie respektieren und akzeptieren. Sehr achtsam auf Signale jeglicher Art sein, die der andere aussendet, um eine erfolgreiche Beziehung aufbauen zu können und um eine schon aufgebaute weiter zu festigen.

Es gibt allgemein festgelegte Abstandszonen, die Sie in jedem Falle einhalten sollten. Damit haben Sie wenigstens ganz materiell, körperlich gesehen, einen Anhaltspunkt und überschreiten auch die unsichtbare Grenze nicht unnötig.

Die Norm in unserem Lebensraum, den westlich geprägten Industriestaaten, gibt folgende Anhaltspunkte vor. Im Abstand von ca. zwei Meter von Ihnen entfernt ist der sog. „öffentliche Bereich". Dort können sich auch Fremde aufhalten, ohne Sie zu behelligen. Im Abstand von ca. einem Meter um Sie herum befindet sich der „Geschäftsbereich" für Ihre bekannten und Geschäftspartner. Verringert jemand den Abstand zu Ihnen auf weniger als einen Meter, betritt er Ihren „privaten Bereich".

D.h., wenn Sie sich mit einem Geschäftspartner treffen, sollten Sie mindesten so viel Abstand wahren, um seine Privatzone nicht zu betreten.

Um psychische Grenzen zu akzeptieren, müssen wir schon etwas genauer hinsehen, hinhören und hinfühlen.

Wenn Ihnen ein Geschäftspartner signalisiert, ich will jetzt nicht, ich habe kein Interesse, es wird mir zu viel, deine Nase passt mir nicht, es langweilt mich, es dauert mir zulange, sollten Sie dies akzeptieren und danach handeln. Natürlich ebenso, wenn Ihnen jemand Signale sendet, dass er Sie braucht, angenommen werden möchte, mal eine „Schmuseeinheit", ein Lob braucht.

Sprechen Sie das an, was gefühlsmäßig bei Ihnen ankommt, und vergewissern Sie sich ob es stimmt. Verschieben Sie gegebenenfalls das Gespräch auf einen anderen Termin, beginnen Sie die Beziehung zu klären, beenden Sie die Beziehung ganz oder tun Sie etwas ganz anderes, der Situation entsprechend.

Wir erleben es immer wieder, dass dem Gegenüber und dessen befinden keinerlei Beachtung geschenkt wird. Es wird so weitergeredet wie bisher, Hauptsache der „Fahrplan" wird eingehalten.

Kürzlich erlebte ein Kollege von uns folgende Situation: Ein Telefonverkäufer für Kapitalanlagen rief bei ihm an und wollte einen Termin. Unser Kollege sagte ihm klar: "Nein, ich will nicht!" - Der Verkäufer antwortete: "Das ist gut. Sie sind offen und ehrlich." Und dann ging es weiter mit der Litanei.

Wenn Sie künftig Grenzen missachten, tun Sie es ab sofort mit dem Bewusstsein, eine Beziehung empfindlich zu stören, diese erst gar nicht entstehen zu lassen bzw. sie ganz kaputt zu machen.

Wir empfehlen Ihnen, einen bewussten Weg zu gehen, hin zu einem ehrlichen Miteinander, zu erfolgreichen Beziehungen.

Ist einer Ihrer Mitarbeiter sichtlich angeschlagen, weil zuhause der Haussegen schief hängt, es beim Hausbau Probleme gibt, die Schwiegermutter gerade gestorben ist, oder was auch immer, sollten Sie nicht gerade ein Mitarbeitergespräch führen, welches eine Kürzung des Gehaltes vorsieht, mit irgendwelchen Produktionszahlen drohen, eine Versetzung oder gar Kündigung mitteilen.

Besser wäre es in diesem Fall, wenn Sie für Ihren Mitarbeiter zu seinem Thema ein offenes Ohr hätten, ihm Hilfen anbieten könnten, die seine Situation verändert. Ihr Mitarbeiter würde es Ihnen über Jahre hinweg danken. Die Beziehung wäre eine schlagartig andere. Eine wesentlich bessere und tiefere. Er würde nicht mehr zu denjenigen gehören, die Punkt sechszehn Uhr den Stift fallen lassen, nur auf Befehl arbeiten, sozusagen Dienst nach Vorschrift tun und mit anderen Kollegen Stimmung gegen Sie machen.

Es könnte ein Mitarbeiter werden, der sich einsetzt, der auch mal länger bleibt, wenn es sein muss, der Ihnen wohlgesonnen ist, der Ihnen auch gegenüber anderen Mitarbeitern den Rücken stärkt, der einfach auf Ihrer Seite steht.

Und eines ist ganz sicher. Bei Problemen im privaten Bereich können wir keine hundertprozentige Arbeit im Geschäftsbereich bringen. Und umgekehrt.

Also sollten wir immer in den entsprechenden Bereichen dafür sorgen, dass unser Leben in Ordnung ist. Dafür brauchen wir Zeit und Verständnis. Wir sollten Grenzen bei uns selbst und bei anderen anerkennen und danach handeln. Oft brauchen wir dazu andere Menschen, die uns dabei helfen.

Gleichgültig, in welcher Position Sie sind, Sie sollten in Vorleistung treten, den Mut haben von Ihrem Vorhaben loszulassen, die Grenze Ihres Mitarbeiters, Vorgesetzten, Geschäftspartners akzeptieren und in der Folge auf seine Belange eingehen.

Wenn Sie sich für diesen Weg entscheiden, können wir Ihnen eine erfolgreiche Beziehung fast garantieren.

Bezüglich Ihrer eigenen Grenzen, fordern wir Sie auf, diese bewusst wahrzunehmen und immer wieder zu überprüfen. Kommunizieren Sie Ihre Grenzen Ihren Partnern. Haben Sie den Mut Ihrem Gegenüber mit klaren Signalen oder Worten mitzuteilen, wie es Ihnen geht, was Sie wollen, was Sie nicht wollen und haben Sie auch den Mut, wenn es sein muss, NEIN zu sagen.

Konfliktmanagement

Ihre Beziehungsarbeit definiert sich auch dadurch, wie Sie mit Konflikten umgehen. Diese sind Bestandteil und normale Begleiterscheinungen jeder Beziehung.

Im Geschäftsleben treffen wir überwiegend auf die Form des „sozialen Konflikts". Dieser ist an ein oder mehrere Gegenüber gebunden. Im Unterschied zum inneren Konflikt, den jemand mit sich alleine austrägt.

Soziale Konflikte finden meistens auf zwei Ebenen statt. Auf der Sachebene, bei der es um Ziele, Wege und Methoden geht. Und auf der Beziehungsebene. Hier geht es um Gefühle, Befindlichkeiten, Wahrnehmungen und Werthaltungen. Bei der Austragung eines Konfliktes sind beide Ebenen beteiligt und miteinander vernetzt.

Im Geschäftsleben entstehen Konflikte beispielsweise durch

- gegensätzliche Meinungen zum gleichen Thema,

- unterschiedliche Vorstellungen über die Realisierung eines Projektes,

- schlecht funktionierende Kommunikation,

- gegensätzliche Erfahrungen die nicht respektiert werden,

- fehlendes Verständnis für den anderen,

- nicht verarbeitetem Stress der auf andere projiziert wird,

- verletzte Gefühle,

- Ablehnung und Ausgrenzung (bewusst oder unbewusst),

- wenn einer unter dem Verhalten des anderen leidet,

...

Konflikte begleiten unseren Alltag.

Sie sind eine Eigenheit des sozialen Zusammenlebens. Im Normalfall sind sie leider eher negativ besetzt. „Nicht schon wieder ein Konflikt!".

Auseinandersetzungen im Berufs- und im Privatleben zeigen jedoch auch Ihre guten Seiten.

Sie zeigen auf,

- wo Vorgänge nicht optimal laufen,

- erzeugen notwendigen Druck für Veränderungen,

- helfen, uns selbst besser kennen zu lernen,

- helfen, den anderen besser kennen zu lernen,

- sind Gelegenheiten unser Verhaltensrepertoire zu erweitern,

- klären die Lage,

- verbessern die gegenseitigen Beziehungen,

- führen zu einem echten Miteinander,

- ...

Nach unserer Meinung werden Konflikte zu Unrecht als negativ angesehen und erlebt. Dies kommt wahrscheinlich daher, werden Menschen mit einer Konfliktsituation konfrontiert, wissen viele nicht, wie sie damit umgehen sollen und wie sie eine Lösung herbeiführen können.

Oft wurde dies nirgends gelernt und geeignete Methoden sind nicht bekannt. Deshalb lösen viele Menschen ihre Konflikte nach einem Zwei-Stufen-Plan.

Stufe 1:

Ich verdränge den Konflikt so lange es geht. Meistens so lange, bis der Konflikt den Verdrängenden krank gemacht hat. Bis der Konfliktpartner nicht mehr da ist. Bis „Gras über die Sache gewachsen ist". Oder bis sich der aufgestaute Konflikt, ähnlich einem überhitzten Dampfkochtopf, explosionsartig entlädt.

Stufe 2:

Wenn es sich nicht mehr vermeiden lässt, in einen Konflikt zu gehen, kläre ich zuerst die Schuldfrage. Nach kurzer Überlegung steht fest: „Der Andere ist Schuld!" Danach geht es nur noch darum, dem Anderen dessen Schuld beizubringen.

Sie merken schon, der oben beschriebene Weg kann auf Dauer keine Lösung sein. Deshalb haben wir einen Leitfaden zur Konfliktlösung entwickelt.

Anfangs fällt es sicher schwer, Konflikte anzusprechen und lösungsorientiert vorzugehen. Auf der Sachebene ist schnell alles klar. Nur diese Gefühle. Die Angst, etwas falsch zu machen, alles zu verlieren.

Das Kribbeln im Bauch, das anzeigt: Jetzt wird es unangenehm. Der normale Fluchtinstinkt: „O.K., dieses Mal lasse ich es noch durchgehen. Aber nächstes Mal ...“.

Fassen Sie sich ein Herz und wenden Sie Ihre Erkenntnisse aus dem folgenden Leitfaden so schnell wie möglich an. Die Erleichterung nach einem gelösten Konflikt ist unbeschreibbar.

Für Ihre ersten Übungen bietet sich auch Ihr Privatbereich (z.B. Ehepartner) an. Dort haben Sie einen „geschützten Bereich“, in dem Ihnen keiner übel nimmt, wenn Ihre ersten Versuche nicht 100%ig erfolgreich sind.

Leitfaden zur Konfliktlösung

Entscheiden Sie sich, sich dem Konflikt zu stellen. Beschließen Sie, ihn jetzt zu bereinigen. Damit lenken Sie Ihre Energie in die Richtung der Lösung. Wenn Sie dazu - aus welchen Gründen auch immer - (noch) nicht bereit sind, lassen Sie es. Halbherzige Lösungen bringen Sie nicht weiter.

Schreiben Sie dann Ihre Antworten auf folgende Punkte auf. Einerseits dient Ihnen dies zur Klarheit. Anderseits haben Sie damit in Ihrem Konfliktgespräch einen „roten Faden" mit dem Sie beim Thema bleiben können.

Worum geht es eigentlich bei Ihrem Konflikt?

Beleuchten Sie zunächst, worum es auf der Sachebene geht.

Wie ist der Konflikt entstanden?

Wie hat es angefangen?

Welche unterschiedlichen Begebenheiten, Situationen oder Vorkommnisse haben den Konflikt verursacht?

Wo könnten Missverständnisse aufgetreten sein?

Was ist Ihr Anteil am Konflikt?

Betrachten Sie danach die Beziehungsebene und fragen Sie sich:

Welche Gefühle habe ich in diesem Konflikt bezüglich der Sachebene?

Was bewegt mich auf der Gefühlsebene?

Wie könnte der Andere den Konflikt sehen?

Wo habe ich (bewusst oder unbewusst) die Gefühle des Anderen verletzt?

Viele Konflikte sind mit einer genauen Analyse schon halb gelöst, weil damit oft automatisch das Verständnis für den Konfliktpartner wächst.

Jetzt können Sie sich konkrete Ziele zur Konfliktlösung setzen

Welches Ziel wollen Sie bei Ihrer Konfliktlösung erreichen?

Welche Lösungsmöglichkeiten können Sie anbieten?

Wo können Sie nachgeben)

Was wollen Sie auf jeden Fall erreichen?

Sie sind sich darüber im Klaren, was geschehen ist, was Sie und den Anderen bewegt und welches Ziel Sie erreichen wollen.

Der nächste Schritt ist, sich die konkrete Umsetzung zu überlegen.

Als **Umfeld** sollten Sie einen neutralen Ort wählen. Ihr Büro oder das Büro des Konfliktpartners (womöglich noch im Großraum) sind dazu weniger geeignet. Je nach Bedeutung der Angelegenheit für Sie können Sie in einen Park gehen, in ein Cafe, ein Restaurant oder eine sonstige gastronomische Stätte. Manchmal bringt Sie auch ein längerer gemeinsamer Spaziergang Ihrem Ziel näher.

Achten Sie darauf, dass Sie **Störungen ausschalten**. Nichts ist frustrierender, als folgende Situation: Sie führen ein Konfliktgespräch und sind gemeinsam endlich zum Punkt gekommen. Plötzlich geht die Türe auf, ein Kollege erscheint und teilt mit: „Herr Müller, da ist ein Telefonat für Sie. Die Firma für Büromaterialbestellungen will wissen, brauchen wir fünf Kugelschreiber oder zehn."

Planen Sie den **Zeitrahmen** für Ihr Gespräch und berücksichtigen Sie aktuelle Umstände. Beispielsweise herrscht in vielen Firmen kurz vor dem Jahresabschluss hektische Betriebsamkeit. Die meisten Angestellten sind damit beschäftigt, ihre Arbeiten fristgemäß zu erledigen. Jetzt wäre sicher keine gute Zeit, um in Ruhe ein Konfliktlösungsgespräch zu führen.

Lassen Sie sich jedoch nicht dazu verleiten, die Umstände als Ausrede zu benutzen, Ihr Gespräch nicht führen zu müssen.

Erstellen Sie für sich eine **Agenda**. Wie sieht der „rote Faden" für Ihr Gespräch aus? Welche Punkte wollen Sie in welcher Reihenfolge ansprechen? Stichpunkte genügen.

Teilen Sie Ihren **Gesprächswunsch** mit. Wir empfehlen Ihnen, dem Konfliktpartner den Gesprächswunsch nach Möglichkeit persönlich mitzuteilen.

Sprechen Sie den Anderen an: „Ich glaube, wir haben in Bezug auf ... einen Konflikt miteinander. Ich würde dies gerne mit Ihnen klären. Haben Sie am ... um ... eine halbe Stunde Zeit dafür? Damit wir ungestört sind, schlage ich als Ort ... vor. Sind Sie damit einverstanden?"

Führen Sie das **Gespräch lösungsorientiert**. Sprechen Sie den Konflikt offen an und sprechen Sie dabei auch über Ihre Gefühle.

Dabei helfen Ihnen nachstehende Punkte:

Bedanken Sie sich für die Bereitschaft zur Klärung.

Bleiben Sie bei der konkreten Situation.

Vermeiden Sie Verallgemeinerungen („Immer machen Sie ...").

Verwenden Sie „Ich-Botschaften".

Teilen Sie Ihre Beobachtungen und Ihre Gefühle zur Situation mit.

Lassen Sie den Anderen seinen Standpunkt erläutern.

Respektieren Sie Standpunkt und Gefühle des Anderen.

Hören Sie aktiv zu und geben Sie Feedback darüber, was bei Ihnen ankam.

Bemühen Sie sich, den Anderen wirklich zu verstehen.

Geben Sie zu, wenn Sie im Unrecht waren und entschuldigen Sie sich.

Streben Sie eine **„WIN-WIN" Lösung** an, bei der alle Beteiligten sich als Gewinner fühlen.

Treffen Sie eine **Vereinbarung**

Klären Sie zum Abschluss Ihres Gesprächs, wie Sie zukünftig in Bezug auf den jetzt gelösten Konflikt - und vielleicht auch generell - miteinander umgehen.

Notieren Sie die Vereinbarung und fragen Sie Ihren Partner, ob die Notizen so richtig sind.

Ob es nötig ist, die Vereinbarung gemeinsam zu unterschreiben, sollten Sie je nach Lage des Falls und Verlauf des Gesprächs entscheiden. Wenn Sie die Unterschrift für nötig halten, gehen Sie in Vorleistung und unterschreiben Sie zuerst.

Fallbeispiel: „Ich glaube, wir haben ein Problem miteinander"

Die Ausgangssituation

Uwe Mühleisen und Bernd Eder arbeiten seit einigen Jahren in Firma Waidle. Dort sind sie in der gleichen Abteilung tätig und arbeiten im Team mit zwei weiteren Kollegen zusammen. Jeder hat sein Spezialgebiet, in dem er als Fachmann von der Firmenleitung, den Kollegen und von den Kunden anerkannt ist.

Ihre Arbeit bewältigen beide gut ohne Überstundenbelastung. Anfallende Sonderarbeiten werden durch das gesamt Team problemlos erledigt. Keiner ist sich zu schade, auch mal länger zu bleiben, wenn es die Aufgabe erfordert. Im Kreis der Kollegen sind beide gleichermaßen beliebt.

Auch privat verstehen sie sich gut. Ab und zu treffen sie sich außerhalb der Firma zu gemeinsamen Freizeitaktivitäten mit ihren Familien.

Eine Veränderung ergibt sich, als beide durch eine Umstrukturierung für ein gemeinsames Fachgebiet zuständig werden. Die Arbeitsaufteilung dieses Gebiets wurde von der Firmenleitung festgelegt.

Uwe Mühleisen ist für das „normale" Geschäft zuständig. Bernd Eder ist aufgrund seiner längeren Erfahrung in diesem Thema für Sonderfälle und schwierigeres Geschäft verantwortlich.

Die von der Firmenleitung beschlossene Arbeitsaufteilung lässt viel Interpretationsspielraum zu.

So kommt es immer wieder vor, dass Herrn Mühleisen von Herrn Eder Geschäftsvorfälle zugeteilt werden. Grund: „Es handelt sich um Normalgeschäft, für das ich nicht zuständig bin." Herr Mühleisen betrachtet dies etwas anders. Für ihn sieht es so aus: „Der schiebt Arbeiten auf mich ab, weil er zu faul ist, sie selbst zu erledigen."

Der Konflikt hat begonnen.

Beide merken, etwas läuft nicht rund und starten den Versuch, dies über die Firmenleitung zu klären. Ihr Ziel ist eine konkrete Aufteilung des Fachgebiets nach objektiven Kriterien. Danach sollen künftig Geschäftsvorgänge verteilt werden. Der Versuch scheitert an der Einstellung der Führungsverantwortlichen. Diese zeigen kein Verständnis für die Forderung, da die Aufteilung in ihren Augen klar ist.

Der Konflikt läuft.

Nach wie vor gibt es keine objektiven, nachvollziehbaren Kriterien für die Verteilung der Arbeit. Immer wieder werden Vorgänge zwischen Herrn Eder und Herrn Mühleisen hin und her geschoben. Diskussionen und gegenseitige Vorwürfe schließen sich an.

Nach einiger Zeit macht keiner der beiden einen Hehl aus seiner Einstellung zum Anderen. „Der Eder ist faul und arbeitet immer weniger. Die ganze Arbeit bleibt an mir hängen." „Wenn der Mühleisen denkt, er kann seine Arbeiten auf mich abdrücken, hat er sich getäuscht."

Auch der Versuch, den Konflikt in einer Teambesprechung zu lösen scheitert.

Der Konflikt eskaliert.

Nachdem weitere Zeit verstrichen ist, hat sich der ursprünglich kleine Konflikt dynamisch weiterentwickelt. Inzwischen sind auch Teamkollegen und Mitarbeiter angrenzender Abteilungen einbezogen. Jeder hat sich die Einstellung der beiden inzwischen angehört (anhören müssen) und Stellung bezogen.

Aus zwei Einzelpersonen mit einem kleinen Konflikt sind zwei Gruppen mit gegensätzlichen Einstellungen geworden.

Herr Mühleisen zieht die „Notbremse"

Er entscheidet sich dazu, sich dem Konflikt mit Herrn Eder zu stellen und ein Lösungsgespräch herbeizuführen.

Zunächst analysiert er die Situation. Dabei entsteht die oben beschriebene Historie des Konflikt. Auch seinen eigenen Anteil erkennt er.

Anstatt so schnell wie möglich eine Klärung herbeizuführen, hat er zunächst mitgespielt und genau wie Herr Eder für die Dynamik des Konflikts gesorgt. Seine Gefühle zur Situation bewegen sich zwischen Frust, Unverstanden sein, Neid weil der Andere vermeintlich weniger zu tun hat.

Er erkennt auch, dass Herr Eder genau die gleichen Ansichten und Gefühle wie er zur aktuellen Situation haben kann. Sie sind also gar nicht so weit voneinander entfernt.

Sein Ziel ist auch klar. Er hatte mit Herrn Eder vor dem Konflikt eine gute Beziehung. Diese will er wieder herstellen. Weiterhin will er die entstandenen Unruhen im Team beseitigen und die Wogen wieder glätten.

Auch Lösungsmöglichkeiten überlegt er sich. Er könnte sich beispielsweise mit Herrn Eder zusammensetzen und gemeinsame Kriterien für die Fachgebietsaufteilung definieren.

Für das Gespräch will er seinen Kollegen beim Italiener nebenan zum Abendessen einladen. Durch die Wahl des Zeitpunkts nach dem Arbeitstag kann er sicher sein, beide sind nicht unter Zeitdruck.

Auch aktuelle Umstände, wie z.B. Team-Meetings, Fixtermine und private Umstände (Frau Eder geht jeden Mittwochabend zum Sport. Herr Eder hat dann „Kinder-Dienst") berücksichtigt er und wählt einen Gesprächstermin aus.

Die Gesprächsagenda ergibt sich aus seinen bisherigen Aufschrieben.

Nachdem er alle Vorbereitungen abgeschlossen hat, fasst er sich ein Herz, sucht Herrn Eder auf und spricht ihn an: „Bernd, ich glaube, wir haben in Bezug auf die Arbeitsaufteilung ein Problem miteinander. Ich würde dies gerne mal in Ruhe mit Dir klären. Hast Du kommenden Dienstag Zeit für mich? Wir können nach der Arbeit zum Italiener nebenan gehen und gemeinsam essen. Dort sind wir ungestört und können uns in Ruhe austauschen. Wäre das auch für Dich in Ordnung?" Herr Eder schaut schnell in seinen Kalender und stimmt zu.

Zu Beginn des Gesprächs bedankt sich Herr Mühlhausen für die Bereitschaft, den gemeinsamen Konflikt zu klären. Er schildert anschließend seine Sicht der Situation und seine Gefühle dabei. Auch seine negativen Aussprüche bei anderen spricht er an und entschuldigt sich dafür.

Er achtet darauf, seinen Partner stets auf der Beziehungsebene, also von Mensch zu Mensch, anzusprechen und zu erreichen. Danach fragt er Herrn Eder, wie es ihm damit geht. Nach der ausführlichen Vorbereitung des Gesprächs ist Herr Mühlhausen gar nicht mehr erstaunt, dass sein Gegenüber genau wie er empfindet. Ein Stein fällt ihm vom Herzen.

Zum Abschluss klären die beiden, wie sie künftig miteinander umgehen wollen. Sie sind sich einig, jeder will die frühere gute Beziehung wieder herstellen. In der Außenwirkung vereinbaren sie, den beteiligten Kollegen eine Kurzfassung Ihres Gesprächs und ihrer Beschlüsse mitzuteilen. Damit sollten sich die Gemüter bei den Kollegen wieder beruhigen.

Gemeinsam werden Sie noch in dieser Woche einen Kriterienkatalog für die Geschäftsverteilung ausarbeiten und vereinbaren auch gleich einen Termin dafür.

Der Konflikt ist gelöst. Beide fühlen sich wieder wohl, die Spannungen sind ausgeräumt.

Marzella & Peter Arndt

„Nein" sagen

Sie haben sich schon die ganze Woche darauf gefreut, am Freitag-Nachmittag früher ins Wochenende zu gehen. In Ihrem Arbeitsumfeld ist alles geregelt, die Zustimmung Ihres Chefs haben Sie erhalten. Ihr Partner hat ebenfalls frei bekommen. Ihrem Wochenend-Ausflug steht nichts mehr im Weg.

Kurz bevor Sie am Freitag nach Hause aufbrechen, steht Ihr Chef bei Ihnen im Büro und sagt: „Ich weiß, Sie wollten heute eigentlich früher gehen. Aber dieser Vorgang muss dringend heute noch erledigt werden. Außer Ihnen habe ich niemand, der das kann. Könnten Sie sich bitte ausnahmsweise noch darum kümmern?"

Das Geschäft ist abschlussreif. Es hat lange gedauert, doch nach vielen Verhandlungen mit Ihrem Kunden haben Sie einen Weg gefunden, der für alle Beteiligten gangbar ist. Kurz vor Vertragsunterzeichnung spricht Sie der Kunde mit zusätzlichen Rabattforderungen an.

Ein Freund erzählt Ihnen, er würde am Wochenende umziehen. Ob Sie ihm nicht helfen können. Alleine würde er es wahrscheinlich nicht schaffen. Sie haben das Wochenende eigentlich schon für gemeinsame Aktivitäten mit der Familie verplant.

Kennen Sie die beschriebenen oder ähnliche Beispiele? Oft haben Sie sich vielleicht auch schon geärgert, wenn Ihnen so etwas passierte.

Trotzdem des Ärgers wurde der Start des Wochenendausflugs auf den Abend verschoben, ein zusätzlicher Rabatt gewährt oder die Familie vernachlässigt, um beim Umzug zu helfen.

Jetzt wäre es an der Zeit, seine Interessen zu behaupten und „Nein" zu sagen. Viele haben damit jedoch Probleme, die vielfältige Ursachen haben können:

Angst, abgelehnt und nicht mehr geliebt zu werden.

Sorge vor möglichen Konsequenzen, die man nicht tragen will.

Man will nicht egoistisch oder herzlos wirken.

Angst, etwas zu versäumen.

Das Bedürfnis gebraucht zu werden.

Pflichtgefühl.

Gewohnheit.

Zu schnelle Entscheidungen.

Der Grundstein für Probleme mit dem Nein-Sagen wird oft schon in der Kindheit gelegt. Dort begegnen wir dem „NEIN" erstmals bei den Eltern.

„Nein, Du darfst nicht mit dem Essen spielen."

„Nein, Du sollst nicht auf die Herdplatte fassen."

„Nein, das gehört dem Papa."

Immer dann, wenn wir etwas ganz besonders Spannendes vorhatten, kam das „Nein".

Dann kam das sogenannte „Trotzalter". Wir begannen, unsere Persönlichkeit zu entwickeln und waren an der Reihe „Nein" zu sagen. „Nein, ich esse den Spinat nicht" „Nein, ich räume mein Spielzeug nicht auf." Selbstbewusst sagten wir zu Allem und Jedem „Nein".

Und machten die Erfahrung, dies gefällt unserer Umwelt überhaupt nicht. Häufig reagierten die Eltern gar nicht erfreut auf unser Nein.

„Wenn Du den Spinat nicht isst, wirst Du krank."

„Wenn Du Deine Spielsachen nicht aufräumst, schenke ich sie anderen Kindern."

„... hat die Mama Dich nicht mehr lieb."

„... wird der Papa sehr böse mit Dir sein."

Also haben wir aus der Reaktion unserer Umwelt gelernt und das Verhalten, das solch negative Reaktionen nach sich zieht, so weit wie möglich unterlassen. Wir haben uns wohl verhalten, weil wir die Konsequenzen des Nein-Sagens nicht aushalten konnten oder wollten.

Und so manches Mal greift das damals erlernte Verhaltensmuster noch heute.

Selbstverständlich hat es auch Vorteile, nicht Nein zu sagen.

Menschen, die das nicht können (oder wollen)

müssen keine Verantwortung für sich selbst übernehmen

können stets sagen, sie sind nicht schuld daran, wenn in Ihrem Leben etwas schief geht,

werden oft als gute und selbstlose Mitbürger gesehen,

werden (zumindest scheinbar) eher geliebt,

können sich gut fühlen, weil Sie gebraucht werden,

können Anderen ein schlechtes Gewissen machen (Ich habe schon soo viel für Dich getan),

gehen ihren Konflikten aus dem Weg,

vermeiden Schuldgefühle, die sie vielleicht bekämen, wenn sie sich durchsetzen würden und

leben   einfacher   (zumindest   vordergründig).

Falls Sie sich entscheiden, zukünftig öfter einmal „Nein" zu sagen und damit auch viele Ihrer Beziehungen auf eine neue Basis zu stellen, helfen Ihnen folgende Tipps.

Tipp 1:

Nehmen Sie sich Zeit und analysieren Sie kurz, worum es beim Anliegen des Anderen geht. Lassen Sie sich nicht überrumpeln, schnelle Zusagen zu machen, die Sie später vielleicht bereuen.

Tipp 2:

Machen Sie sich vor Ihrer Entscheidung deren Konsequenzen klar und prüfen Sie, ob sie diese tragen wollen und können.

Tipp 3:

Erlauben Sie sich "Nein" zu sagen.

Tipp 4:

Lernen Sie, in 3 Schritten auf sanfte Art "Nein" zu sagen.

Schritt 1:

Sagen Sie höflich, aber bestimmt zum Anliegen des Anderen „Nein"

Schritt 2:

Begründen Sie Ihre Ablehnung.

Schritt 3:

Schlagen Sie Alternativen vor.

Für die eingangs beschriebenen Beispiele könnte dies so aussehen:

„Es tut mir leid, ich kann den Vorgang heute nicht mehr erledigen. Wir haben unseren Wochenausflug gebucht und ich muss pünktlich gehen, da sonst unser Flugzeug ohne uns fliegt. Ich spreche aber gerne mit Herrn Schmitt und gebe ihm eine kurze Einweisung, damit er den Vorgang erledigen kann."

„Für diesen Kauf kann ich Ihnen keinen weiteren Rabatt mehr geben. Wir haben unsere Kalkulation bis zum Letzten für Sie ausgereizt. Wenn wir jetzt noch einen zusätzlichen Nachlass geben, wird das Geschäft für uns unrentabel. Ich notiere mir für unsere nächsten Gespräche, Ihnen ist der Preis besonders wichtig.

Wir können dann gerne bei Ihrem nächsten Kauf auf einen billigeren Lieferanten in der Herstellung ausweichen."

„Bei Deinem Umzug kann ich Dir leider nicht helfen. Ich habe meiner Familie für das Wochenende einen gemeinsamen Zoobesuch versprochen und das will ich auch einhalten. Ich kann Dir gerne einen Kontakt zur örtlichen Studentenvermittlung vermitteln. Dort kannst Du Dir für einen geringen Preis einige kräftige Aushilfen besorgen."

Eine Hilfe für Ihre Selbstorganisation: „Das kreative NEIN"

Ein Messebesuch. Von einem ehemaligen Seminarteilnehmer werden wir angesprochen: "Ihr Artikel im letzten Newsletter war toll. Da sollten Sie noch eine überarbeitete Version zum Download bereitstellen."

Ein Seminar. Einige der Teilnehmer haben sich vorab über Presseveröffentlichungen des Referenten informiert. Jetzt kommt die Bitte eines Teilnehmers: "Sie haben doch eine Serie über Zielgruppenarbeit geschrieben. Können Sie mir bitte davon Kopien zukommen lassen?" Andere Teilnehmer schließen sich dieser Bitte an.

Eine Veranstaltung. Der Veranstalter wird von einem Teilnehmer um Kopien der aufgelegten Folien gebeten. Andere schließen sich dieser Bitte an.

Kennen Sie solche und ähnliche Situationen aus Ihrem Berufsalltag?

Im Geschäftsleben geht es nicht immer um grundsätzliche Themen des „Nein" Sagens. Oft entstehen Anliegen an Sie aus der Situation heraus. Jemand hat beispielsweise eine Idee, teilt Ihnen diese mit und möchte, dass Sie daraufhin etwas tun.

Als Folge häufen sich Zusatz- und Nebenarbeiten an,
die irgendwann den Tag ausfüllen. Die Zeit für Ihre
eigentliche Arbeit wird dadurch immer knapper.

In diesen Fällen kreativ "Nein" zu sagen, ist eine der
effektivsten Methoden, sich zu organisieren. Diese
Methode haben wir für uns entwickelt und wenden sie
seit Jahren mit großem Erfolg an.

Das kreative "Nein" in der Praxisanwendung

Lehnen Sie das Ansinnen des Anderen nicht ab, sondern verlagern Sie die Aktivität auf Ihr Gegenüber.

Anstatt: "O.k., ich schreibe es mir auf und schicke Ihnen die Unterlagen zu." sagen Sie: " Bitte sind Sie so
nett und schicken Sie mir eine kurze E-Mail mit Ihrem
Wunsch. Ich melde mich bei Ihnen. "

Anstatt: "Ich erledige das für Sie." sagen Sie z.B.: "Bitte faxen Sie mir Ihren Wunsch ins Büro. Sobald ich
dazu komme, kümmere ich mich darum."

Das Resultat:

90% dieser Vorgänge erscheinen nie wieder!

Selbstverständlich wissen Sie in Ihrer Berufspraxis genau, wann Sie diese Methode anwenden können - und wann nicht!

Probieren Sie es aus - Sie werden von der Wirksamkeit überrascht sein. Aufgrund einer Veröffentlichung der Methode in einer Ausgabe unseres Newsletters schrieb einer der Leser:

"Sehr geehrte Frau Arndt, sehr geehrter Herr Arndt,

das "kreative Nein" ist ein extrem wichtiges Mittel, meinen Tages- und Arbeitsablauf wenigstens einigermaßen unter Kontrolle zu halten. Wenn einer Ihrer über 1.000 Leser (Glückwunsch!) es noch nicht verwendet, sollte er sofort damit anfangen.

Ich selbst habe es aus der Not heraus vor ein/zwei Jahren begonnen, als auf einer Autobahn mein Handy klingelte: 'Gut, dass ich Sie erreiche. Ich brauche ein Angebot. Schreiben Sie bitte mal auf.' Ich bat ihn, mir die Daten einfach aufs Fax zu legen (ganz einfach, handschriftlich, kein Briefbogen). Das war ihm aber zu viel Aufwand: 'Dann rufe ich eben in Hamburg an.' Fein!

Ihre Quote von 90% kann ich nicht ganz bestätigen, das kann aber auch an unseren unterschiedlichen Tätigkeiten liegen. 50% sind aber auch schon ein Gewinn. Und nachdem ich damit angefangen hatte, fiel mir auf, dass es unsere Vorgesetzten bis hin zum Vorstand ganz genau so machen. Meine eine oder andere Bitte wird ja nicht abgelehnt, sondern es heißt: 'Machen Sie mir dazu einen Dreizeiler, ich kümmere mich dann darum.'

Solche Tipps (leicht in der Anwendung, gewaltig in der Wirkung) möchte ich gerne in jedem Newsletter lesen."

Das Management von Beziehungen

Beziehungsmanagement ist auch Selbstmanagement.

Die Theorie ist klar.

Sie wissen, wie viel jede Ihrer Geschäftsbeziehungen wert ist und handeln entsprechend. Die Praxis zeigt, dass es doch nicht so einfach ist.

Entscheidend ist deshalb, in ständigem Kontakt mit Ihren Geschäftsbeziehungen zu bleiben. Dadurch können Sie Veränderungen sensibel wahrnehmen und Geschäftsmöglichkeiten nutzen. Wie Sie dies systematisch und mit so wenig Aufwand wie möglich realisieren können, lesen Sie in diesem Kapitel.

Das Beziehungs-Portfolio

Wenn Sie Beziehungen aufbauen und pflegen, stoßen Sie irgendwann an eine Grenze.

Sie brauchen als Grundlage Ihrer Geschäftsbeziehungen eine schnelle Übersicht, die Ihnen auf einen Blick folgende Fragen beantwortet:

Wie viele Geschäftsbeziehungen habe ich derzeit?

Wie ist der Stand einer Einzelbeziehung?

Wo lohnt es sich für mich, weiter in die Beziehung zu investieren?

Wo muss ich derzeit die meiste Beziehungsarbeit investieren?

Welche Beziehungen sollte ich lieber beenden?

Unser „Beziehungs-Portfolio" auf der nächsten Seite gibt Ihnen Antworten.

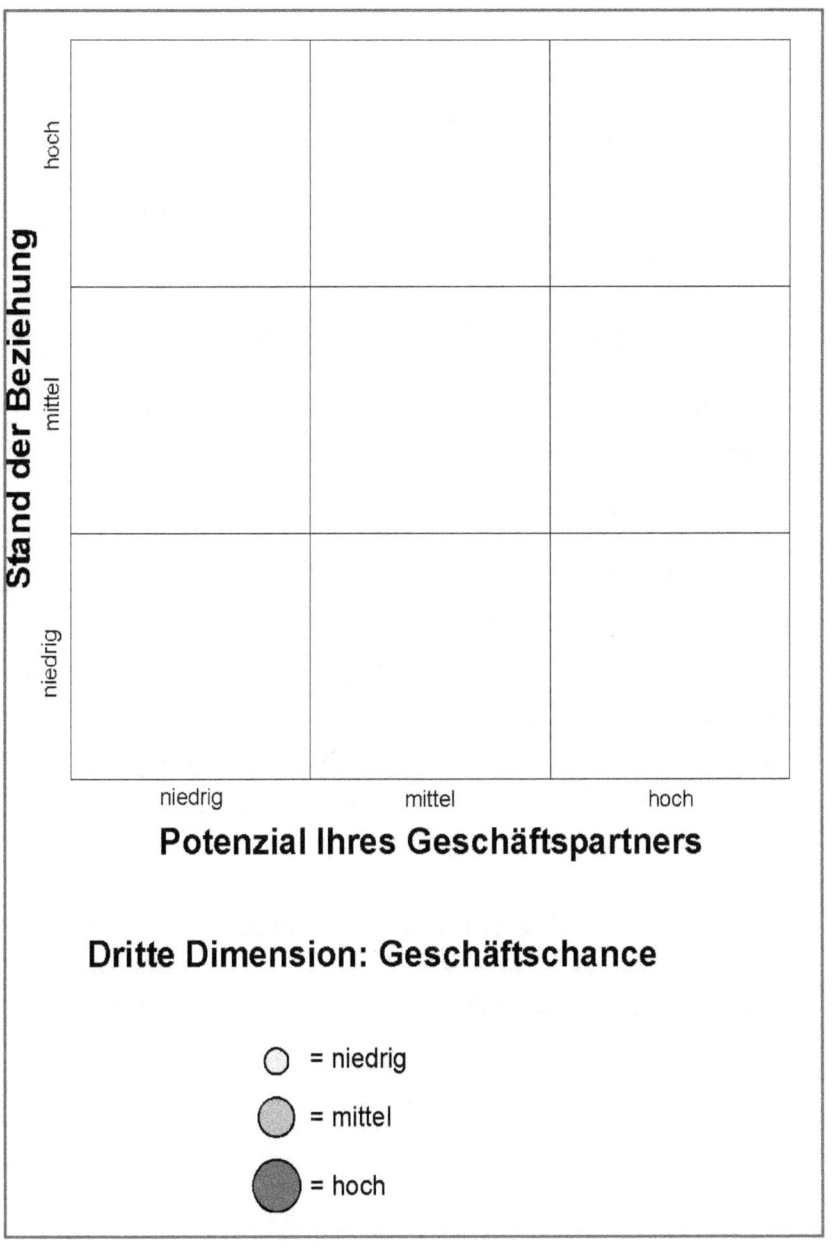

Für jede Geschäftsbeziehung werden drei Komponenten geprüft und mit den Parametern „Hoch", „Mittel" und „Niedrig" bewertet.

Das Geschäftspotenzial Ihres Partners.

Betrachten Sie das Gesamtpotenzial Ihres Geschäftspartners. Hat dieser beispielsweise im Jahr 100 Geschäfte zu vergeben, oder nur 5?

Eine genaue Betrachtung des tatsächlichen Potenzials ist wichtig, damit Sie später bei der konkrete Maßnahmenplanung Ihre Kräfte zielgerichtet einsetzen können. So mancher hat schon viel in den Aufbau einer guten Beziehung investiert. Nur um hinterher festzustellen, dass ihm diese gar nichts bringen kann, weil kein Geschäftspotenzial vorhanden ist.

Der Stand Ihrer Beziehung zum Partner.

Wie schätzen Sie, so objektiv wie möglich, Ihre Beziehung zu Ihrem Partner ein? Wenn Sie es nicht wissen, hilft bei guten Kontakten oft ein persönliches Gespräch weiter.

Ihre Geschäftschance mit diesem Partner.

Prüfen Sie, welche tatsächlichen Chancen Sie haben, um vorhandene Geschäftsmöglichkeiten gemeinsam zu realisieren. Möglichkeiten, diese zu ermitteln und ggf. eine <u>Beziehung zu klären</u> finden Sie im entsprechenden Kapitel dieses Ratgebers.

Bei Ihren Geschäftsbeziehungen werden die genannten Komponenten oft unterschiedlich ausgeprägt sein. Es wird immer Partner geben, bei denen die Beziehungsebene besonders ausgeprägt ist, mit denen Sie aber trotzdem keine Chance haben, Geschäfte abzuschließen. Auch das Gegenteil ist manches Mal der Fall. Obwohl Sie aus Ihrer Sicht keine gute Beziehung haben, funktioniert die Geschäftsebene. Wichtig ist, Sie schätzen die Komponenten so objektiv wie möglich ein und ziehen daraus Schlüsse für Ihr zukünftiges Verhalten.

Ordnen Sie Ihre Geschäftsbeziehungen in ein Beziehungs-Portfolio ein, ergibt sich sehr schnell ein komplettes Bild für Sie. Auf einen Blick können Sie den Stand Ihrer Beziehungen sehen und daraus konzeptionelle Überlegungen und Aktivitäten ableiten.

Die Erstellung Ihres Beziehungs-Portfolios und die darauf aufbauenden Maßnahmen sind als fortlaufender Prozess zu verstehen, der nach einmaliger Betrachtung nicht zu Ende ist. Nur durch regelmäßige Überarbeitung ist es Ihnen möglich, Veränderungen frühzeitig zu erkennen und rechtzeitig darauf zu reagieren.

„4er Formel für Beziehungserfolg"

Alle sind sich einig. Kontakte sind unabdingbare Voraussetzungen für Geschäftsbeziehungen. Allerdings kennen wir nur Wenige, die diese Erkenntnis konsequent umsetzen.

Mit der „4er Formel" können Sie im Jahr bis zu 1.000 zusätzliche Kontakte knüpfen, pflegen, intensivieren oder erhalten. Schnell. Unkompliziert. Effektiv.

Die Grundvoraussetzung ist, Sie planen jeden Tag einen Teil Ihrer Zeit für Beziehungspflege ein. Sie haben verschiedene Möglichkeiten, die „4er Formel" einzusetzen. Sie können dazu aus jeder der folgenden Kategorien wählen. Entweder aus jeder Kategorie einen Kontakt, vier Kontakte aus einer Kategorie oder eine andere Aufteilung. Wichtig ist auch hier das Tun.

Der Erfolg ist Ihnen garantiert.

Vier kurze Briefe

Schreiben Sie jeden Tag vier kurze Briefe mit positivem Inhalt an Ihre Kunden oder Interessenten.

Die meisten Briefe haben negative Inhalte. Rechnungen, Steuerbescheid, Erinnerungen, Aufforderungen zu Dingen die Ihre Zeit kosten ...

Ihre vier kurzen Briefe dagegen sind positiv. „Danke für Ihren Auftrag." „Ich habe Ihr Bild in der Zeitung gesehen." „Freue mich auf unser nächstes Treffen." Ihre Briefe drücken Anerkennung aus und nutzen die Schwäche der Anderen aus, die dies nicht tun.

Material für Ihre Briefe bekommen Sie überall. Sie müssen nur aufmerksam hinsehen, was um Sie herum vorgeht. Alleine das sorgfältige Durchsehen der Publikationen Ihrer Branche, kann Ihnen sogar mehr Stoff für Ihre Briefe bringen, als Sie benötigen.

„Ich habe über Ihre bestandene Prüfung gelesen. Herzlichen Glückwunsch."

„Ihre neue Anzeige hat mir gut gefallen." „Glückwunsch zur Beförderung."

„Finde Ihr neu eröffnetes Ladengeschäft toll. Weiter so."

Usw., usw.

Das Problem ist oft nicht das fehlende Material, sondern, damit zu beginnen, Ideen umzusetzen.

Das Medium bleibt Ihnen überlassen. Sie können gerne persönliche Postkarten verwenden. Oder Sie schreiben ein E-Mail. Oder ein Fax.

Folgendes Beispiel der Wirkungen solcher Mitteilungen erlebten wir auf einer Fachmesse.

Felix Wollsager ist Prokurist einer großen Versicherungsgesellschaft. Nachdem wir in den vergangenen Jahren einige Male mit ihm zu tun hatten, erhielt er natürlich auch irgendwann eine unserer Mitteilungen auf einer Postkarte. Auf der Messe trafen wir ihn und er begrüßte uns mit folgenden Worten: „Schön, Sie auch hier zu treffen. Ich habe mir schon gedacht, dass wir uns sehen." Danach zog er aus seiner Hosentasche die Postkarte von damals. Einmal gefaltet. Völlig abgegriffen. Und meinte: „Ich habe die Postkarte aufgehoben, weil ich das so toll fand."

Vier Anrufe

Es handelt sich um das Gleiche wie bei Ihren kurzen Briefen. Nur telefonisch.

Die Gründe für einen Anruf sind genauso vielfältig wie bei den Briefen. Einzige Voraussetzung auch hier - Tun.

Und wenn Sie überhaupt keinen Grund finden, rufen Sie an und sagen Sie:

„Hallo, ich bin gerade unsere Kundenliste durchgegangen und habe dabei Ihren Namen gesehen. Dabei fiel mir auf, wir haben schon ewig nichts mehr voneinander gehört. Also habe ich Ihre Nummer gewählt. Wie geht es Ihnen?"

Niemand wird dies komisch finden. Ganz im Gegenteil, Sie werden häufig folgende Reaktionen oder ähnliche Reaktionen hören: „Ich habe gestern erst an Sie gedacht und wollte Sie mal anrufen." „Das ist ja lustig. Vor kurzem wollte ich Sie auch mal anrufen."

Der Unterscheid ist - Sie haben angerufen.

Vier persönliche Kontakte

Schauen Sie bitte einmal in Ihre Schreibtischschublade. Rechts oben.

Normalerweise sind dort die Visitenkarten verstaut, von denen Sie zu Beginn Ihrer Tätigkeit 1000 Stück erhalten haben.

Wie viele davon haben Sie noch? 900? 500? 100?

Warum haben Sie noch so viele Karten? Ihre Visitenkarten müssen unter die Menschen kommen. Am Besten jeden Tag vier Stück. Vier zusätzliche persönliche Kontakte verbessern Ihre Beziehungen so effektiv, dass Ihre Kunden bald bei Ihnen Schlange stehen werden.

Wissen Ihre Geschäftsbeziehungen, womit Sie Ihr Geld verdienen? Wissen sie es gut genug, um Sie anzurufen, wenn Sie das Produkt oder die Dienstleistung, die Sie verkaufen, brauchen?

Sagen Sie es Ihnen. Mit vier persönlichen Kontakten am Tag.

Vier Verkäufe

„Jedes Mal, wenn sich zwei Leute treffen, wird etwas verkauft."

Aber nur, wenn Sie Ihre aufgebauten Beziehungen auch für den aktiven Verkauf nutzen. Folgendes Beispiel fanden wir dazu im Buch „Der große Ideenklau": Ein Bankdirektor einer großen Stadt spielte jahrelang Golf mit einem der größten Bauunternehmer der Stadt. Eines Tages sagte der Bankdirektor zu dem Bauunternehmer: „Tom, wir spielen jetzt seit vier Jahren jeden Samstag Golf. Warum hast Du noch nie Geld bei meiner Bank angelegt?" Und Tom antwortete: „Warum hast Du mich noch nie gefragt?"

Der Aufbau von Beziehungen macht erst dann richtig Sinn, wenn Sie Ihren Partnern auch etwas verkaufen.

Wenn Sie im Außendienst tätig sind, verkaufen Sie Ihre Produkte. Jeder Ihrer vier Verkäufe am Tag bringt Sie Ihrem Verkaufsziel ein kleines Stück näher. Und Sie werden Ihre Ziele erreichen. Auch als Innendienstmitarbeiter verkaufen Sie ständig. Ihre Ideen, Ihre Arbeit, Ihre Leistungen, Ihr Engagement. Die Belohnung dafür heißt Gehalterhöhung, Beförderung, Anerkennung oder eine bessere Stelle.

Zusammenfassung

Anrufe, kurze Briefe, persönliche Kontakte, Verkäufe. Mit der „4er Formel" arbeiten Sie aktiv an Ihrem Beziehungsnetzwerk. Jeden Tag vier Stück.

Diese Formel haben wir schon vielen Seminarteilnehmern vorgestellt.

Wir kennen inzwischen so ziemlich alle Gründe, warum die „4er Formel" (vermeintlich) nicht umsetzbar ist. Einige tun es trotzdem. Und die Anderen wundern sich: „Warum haben die so viel Erfolg?"

Fliegen Sie eine Schleife

Unsere nächste Empfehlung für Sie ist kostengünstig, sofort anwendbar und nimmt nur wenig Ihrer Zeit in Anspruch.

Nutzen Sie die Tatsache, dass sich inzwischen nur noch die wenigsten Menschen Zeit nehmen, ihre Wertschätzung gegenüber ihren Partnern durch FEEDBACK auszudrücken.

Fliegen Sie deshalb regelmäßig „Ihre Schleife" und machen Sie gezieltes Feedback zu einem Ihrer wichtigsten Beziehungsinstrumente. Speziell dann, wenn Sie Ihr Beziehungsnetzwerk genutzt haben, um selbst weiterzukommen. Hier liegt Ihre Chance, sich von Anderen dadurch zu unterscheiden, dass Sie durch systematisches und konsequentes Feedback Ihren Partnern die Wertschätzung ausdrücken, die diese nur noch selten bekommen (die Betonung liegt hier auf den Worten "systematisch und konsequent").

Hier einige Beispiele:

Haben Sie von einem Ihrer Geschäftspartner eine neue Information bekommen? Geben Sie ein Feedback. („Hallo, Ihre Information ist angekommen. Herzlichen Dank dafür, ich konnte sie gut brauchen.")

Hat Ihr Kunde den ersten Vertrag bei Ihnen abge-schlossen? Geben Sie ein Feedback. („Herzlichen Dank für Ihren ersten Auftrag. Wir haben uns sehr darüber gefreut und hoffen auf viele weitere Gele-genheiten für gemeinsame Geschäfte.")

Hat Sie ein Gespräch auf neue Ideen gebracht? Geben Sie ein Feedback. („In unserem Gespräch vom 10. Dezember 2012 brachten Sie mich auf die Idee, unser Marketingkonzept für neue Zielgruppen in den Punkten ... anzupassen. Herzlichen Dank dafür. Ich freue mich auf viele weitere Gespräche mit Ihnen.")

Weitere Beispiele für die Anwendung dieses Tipps finden sich auch in Ihrem Alltag genügend. Ihr Tun macht den Unterschied. Sie setzen diesen Tipp kon-sequent um und profitieren davon.

Auch wir erleben immer mal wieder die Wirkungen von Feedback und freuen uns darüber.

In einer früheren Newsletterausgabe veröffentlichten wir zum Stichpunkt „Ein wichtiger Faktor für Bezie-hungsmanagement ist ständige Aufmerksamkeit" folgende Zeilen:

„Sie sind mit Ihrer Frau bei einem Autohändler. Der Verkäufer stellt Ihnen ein neues Modell vor.

Daneben beantwortet er ein Telefonat ("Entschuldigen Sie bitte kurz, in der Telefonzentrale ist gerade niemand da."), beschäftigt sich mit seinem PC um Ihnen ein Angebot auszudrucken ("Warum geht diese Eingabe jetzt nicht?") und hat zusätzlich die Ausstellungsfahrzeuge im Blick.

So mit Aktivitäten ausgelastet entgeht ihm total, dass Ihre Frau von einem neuen Cabrio-Modell so fasziniert ist, dass sie am liebsten sofort einsteigen würde."

Kurze Zeit später erhielten wir folgendes E-Mail:

"Hallo Frau Arndt, Hallo Herr Arndt,

oh, oh, ich habe da so eine Ahnung was die Identität des Autoverkäufers angeht.

Es ist schon erstaunlich wie sehr ich in meinem Alltag verhaftet bin und viele störende Elemente (z. B: Telefon) als gegeben akzeptiere.

Erst bei der Beleuchtung aus Kundensicht fallen die Unzulänglichkeiten auf.

Vielen Dank für den Spiegel."

Im weiteren Verlauf ist daraus eine gute Geschäftsbeziehung entstanden.

Selbst als der Autoverkäufer die Marke wechselte,
blieben wir bei ihm.

Zwischen 2000 und 2009 kauften wir insgesamt 5
Fahrzeuge mit einem durchschnittlichen Anschaf-
fungspreis von jeweils ca. 50.000 Euro.

Epilog

Die Beziehungen zu Ihren Mitmenschen im Alltag sind hoch sensible, komplexe Vorgänge, die in Bruchteilen von Sekunden ablaufen. Da genügt ein Blick, eine Geste oder Mimik, um eine Beziehung aufleben zu lassen oder sie zu stören. Ein falsches Wort an der falschen Stelle und die ganze Beziehungsarbeit beginnt von neuem.

Sie haben viel über Beziehungsmanagement gelesen. Über Verhaltensweisen, Verhaltensmuster, Vorgehen, und Prozesse. Einzeln beleuchtet, beschrieben und analysiert.

Sie bekamen viele Tipps für den Umgang mit Situationen der täglichen Beziehungsarbeit. Und wir haben Ihnen vielleicht (wieder) bewusst gemacht, dass es sich lohnt, die Beziehung zu sich selbst und anderen Menschen zu hegen und zu pflegen.

Um echte Beziehungen aufzubauen, die letztendlich „erfolg-en" lassen, was Sie eingesteuert und investiert haben, braucht es in erster Linie wahre Menschenliebe und Ihre eigene Authentizität.

Beides können Sie keinem Menschen vorspielen.

Jeder, vom Baby bis zum Greis, merkt sofort, ob er ernst genommen wird, geachtet und respektiert wird oder nicht.

Jeder Geschäftspartner merkt sofort, ob Sie primär an ihm selbst oder an seinem Geldbeutel interessiert sind. Stimmt diese Grundlage nicht, brauchen Sie mit Beziehungsarbeit gar nicht erst anzufangen.

Wenn Sie dagegen gerne mit Menschen zusammen sind, gerne mit Menschen arbeiten, sich für Menschen grundsätzlich interessieren, werden Sie viel Spaß beim Ausprobieren der Tipps dieses Ratgebers haben.

Eines ist gewiss, Sie bekommen meistens viel mehr zurück, als Sie geben. Eintönig oder gar langweilig wird es in Ihrem Arbeitsalltag auch nicht werden, denn Sie werden sich immer wieder auf ganz neue Situationen einstellen können und dürfen.

Freuen Sie sich auf jede neue Herausforderung in Ihrem Beziehungsleben.

Wir wünschen Ihnen auf jeden Fall viel Erfolg.

Wenn Sie „bessere Geschäftsbeziehungen" live erleben wollen, besuchen Sie uns doch einmal auf einem unserer Seminare oder buchen Sie ein Firmentraining.

Wir freuen uns auf Sie.

Marzella & Peter Arndt

ÜBER DIE AUTOREN

Im Jahr 1960 geboren, begann **Peter Arndt** seinen Berufsweg 1976 mit einer Ausbildung zum Versicherungskaufmann. Von 1976 bis 1996 war er als Angestellter in drei Unternehmen der Versicherungsbranche tätig. Stationen waren dabei Innendiensttätigkeiten auf allen Führungsebenen sowie eine langjährige Vertriebstätigkeit im persönlichen Verkauf und im Betreuungsaußendienst.

Seine Beratungskompetenz erwarb Peter Arndt in berufsbegleitenden Studiengängen zum Betriebswirt (VWA) und zum Management Consultant (VWA).

Seit Mitte 1996 ist er als Trainer und Berater selbständig. Zu seinen Tätigkeitsschwerpunkten hält er außerdem Vorlesungen und Vorträge.

Marzella Arndt wurde 1957 geboren und begann ihren Berufsweg 1975 im pädagogischen Bereich. Nach einer Ausbildung zur Gymnastik- und Sportlehrerin und einem zweijährigen Lehrauftrag an einem Gymnasium begann sie 1981 ein Studium der Sozialpädagogik, welches sie als Dipl.-Sozial-Pädagogin (FH) abschloss. Ihre Studienschwerpunkte waren Psychologie, Erwachsenenbildung und Medienpädagogik. Bei jeder Art der Tätigkeit, ob mit Einzelpersonen, Gruppen oder Unternehmen - immer steht der Mensch im Mittelpunkt ihrer Arbeit. Seit 1985 ist sie als freiberufliche Trainerin im Bereich der Persönlichkeitsentwicklung tätig.

Peter Arndt und Marzella Arndt arbeiten seit Mitte 1999 als Team. Ihre Spezialisierung, die unter anderem in flexibler, praxisnaher Beratung und sofort umsetzbaren Seminarinhalte im Bereich Marketing, Vertrieb und Persönlichkeitsentwicklung liegt, basiert auf gemeinsam über 50 Jahren Berufserfahrung.

Im Team konzentriert sich zum optimalen Nutzen der Kunden jeder der beiden auf seine Schwerpunkte. Marzella Arndt ist für die Komponente „Mensch" zuständig. Peter Arndt bringt seine Kompetenzen in Form der „Hard Facts" in das Team ein.

Beide sind neben Ihrer Seminar-, Beratungs- und Coachingtätigkeit als Fachautoren für verschiedene Zeitschriften tätig.

www.ingramcontent.com/pod-product-compliance
Lightning Source LLC
Chambersburg PA
CBHW051530170526
45165CB00002B/672